Entdecke mit uns das UNESCO-Welterbe „Die bedeutenden Kurstädte Europas“ in Baden-Baden und begleite uns durch das Welterbe.

BADEN BADEN

BADEN-BADEN
UNSER ERBE –
WELTERBE

www.baden-baden.de/unescowelterbe
www.greatspatownsofeurope.eu

Foto: Willi Walter

Wir danken unseren Sponsoren

*Die **Autorin Ermengard Hlawitschka-Roth** (*1970) ist freiberufliche Kunsthistorikerin und lebt mit ihrem Mann und zwei Töchtern seit vielen Jahren in Baden-Baden. Sie hat verschiedene wissenschaftliche Aufsätze veröffentlicht, arbeitete u. a. beim Landesamt für Denkmalpflege und in der Redaktion Zeitgeschehen beim SWR-Fernsehen. Um die Geschichte Baden-Badens auch Kindern zugänglich zu machen, war sie mit Schülern der Hector Kinderakademie als „Denkmalforscher" oder „Stadtführer" unterwegs und realisierte u. a. Projekte wie den Welterbe-Kinderfilm.*

*Die **Grafikdesignerin Isabel Gewecke** (*1972) studierte Kommunikationsdesign in Mannheim und arbeitete in verschiedenen Designagenturen, bevor sie sich 2008 selbstständig machte. Sie verbrachte ihre Kindheit und Jugend in Baden-Baden, heute lebt sie mit ihrem Mann und den beiden Söhnen im Havelländischen Falkensee vor den Toren Berlins. Ihr großes Interesse für Architektur und der enge Bezug zu ihrer Heimatstadt machten die Gestaltung dieses Buches zu einer echten Herzenssache.*

Kleinprojekt
gefördert durch die Bundesrepublik Deutschland und das Land Baden-Württemberg im Rahmen der Gemeinschaftsaufgabe Verbesserung der Agrarstruktur und des Küstenschutzes aus dem Regionalbudget der LEADER-Region Mittelbaden Schwarzwaldhochstraße

Bundesministerium für Ernährung und Landwirtschaft

Baden-Württemberg
MINISTERIUM FÜR LÄNDLICHEN RAUM UND VERBRAUCHERSCHUTZ

LEADER

LEADERKULISSE Mittelbaden

Ermengard Hlawitschka-Roth

Baden-Baden entdecken.

Der Stadtführer für die ganze Familie

Gestaltet von Isabel Gewecke

Grußwort

Dass immer mehr Familien Baden-Baden für einen Aufenthalt wählen, freut mich als Oberbürgermeister dieser Stadt sehr. Denn Baden-Baden hat nicht nur für Kurgäste, Kulturreisende und Freunde der Thermalquellen viel zu bieten. Gerade für Familien mit Kindern jeglichen Alters gibt es viel Interessantes zu entdecken und die meisten Sehenswürdigkeiten sind fußläufig über kurze Wege gut zu erreichen.

Unzählige Informationen hierzu gibt dieser Familienstadtführer von Frau Hlawitschka-Roth, den ich nur wärmstens empfehlen kann. Mit großer Liebe zum Detail liefert ihr Buch auf den kommenden Seiten kindgerecht viel Wissenswertes rund um Baden-Baden, das vor über 2.000 Jahren von den Römern gegründet wurde. Schon damals war die wohltuende Wirkung der hiesigen Thermalquellen hinreichend bekannt.

Viel Spaß auf der Entdeckungstour durch Baden-Baden wünscht

mit herzlichen Grüßen

Dietmar Späth
Oberbürgermeister

Inhalt

Schau mal in die Innenseiten des Buchdeckels!
Dort findest du einen Stadtplan und eine Karte mit den schönsten Spielplätzen.

Wusstest du, dass ...

... die Tee-Marke ***Meßmer*** in Baden-Baden ihre Ursprünge hat?

... der ***Berlinale-Bär*** und der ***Berlin-Meilenstein-Bär*** an der „Grünen Einfahrt“ verwandt sind? Sie stammen beide von der Künstlerin Renée Sintenis.

Der Meilenstein-Bär sollte die Autofahrer an das von der damaligen DDR umschlossene Berlin erinnern.

TeleVisionale
BADEN – BADEN

... beim ***Film- und Serienfestival Baden-Baden*** auch Schüler als Kritiker mitwirken?

... in Baden-Baden die erste ***Miss-Germany-Wahl*** nach Gründung der Bundesrepublik stattfand (1950)?

... 1910 in Baden-Oos der erste ***Passagierflughafen Deutschlands*** eröffnet wurde?

Zeppeline starteten von hier aus zu offiziellen Linienfahrten (z.B. nach Düsseldorf und Hamburg).

... der älteste ***Tennisclub*** Deutschlands in Baden-Baden beheimatet ist?

... Baden-Baden den größten ***Stadtwald*** Baden-Württembergs hat (ca. 85 km²)?

... es in Baden-Baden ***Kastanien aus Schokolade*** gibt?

... dieser ***Stuhl*** „Baden-Baden“ heißt und immer noch gern geklaut wird?

... unter dem Rathaus ein ***geheimnisvoller See*** liegt?

... das ***SWR3 New Pop Festival*** schon seit 1995 existiert?

... die ***Kandelaber*** vor dem Kurhaus noch immer von Hand angezündet werden?

... hier das ***erste Luxushotel Deutschlands*** gebaut wurde?

... Baden-Baden über ***1.000*** Bau- und Gartendenkmale hat?

... das erste Schachturnier Deutschlands in Baden-Baden stattfand (1870)?

... im Kurhaus jährlich die ***Sportler des Jahres*** gekürt werden?

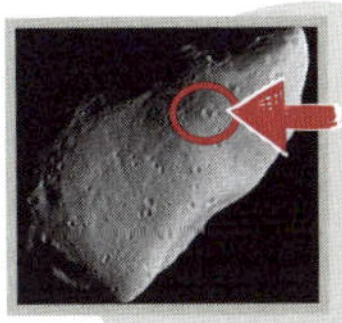

... ein ***Krater*** auf dem Asteroid „951 Gaspra“ nach Baden-Baden benannt ist?

Spezial

Geschichte am Fluss

Vorzeit

Nicht viel los an der Oos

Vor 2.000 Jahren lebt hier kaum jemand. Die Oos schlängelt sich als kleiner Fluss in vielen Kurven durch das Tal und führt häufig Hochwasser. Die Ufergebiete können deswegen kaum genutzt werden. Außerdem begrenzen damals wie heute hohe Berge das enge Flusstal.

Altertum

Römisch-praktisch-gut

75 n.Chr. Der weiß aufsteigende Dampf führt die Römer zu den heißen Quellen am heutigen Florentinerberg. Als echte Wasser-Experten wissen sie, was zu tun ist: Sie fassen die Quellen und machen aus ihnen ein Heilbad für ihre Soldaten. Die Stadt erhält den lateinischen Namen Aquae („die Wasser", das Bad).

Erste Thermenanlagen und Häuser entstehen – in sicherem Abstand zur Oos-Hochwasserzone und in direkter Nähe zu den heißen Quellen im Rotenbachtal.

Mittelalter und Neuzeit

Heiß geht's zu

1112 baut Markgraf Hermann II. die Burg Hohenbaden und macht sie zu seiner Stammburg, dem Wohnsitz seiner Familie.

Um 1250 ist Baden-Baden bereits eine richtige Stadt: mit Stadtmauer, Wohnhäusern, Pfarrkirche, Gastwirtschaften, Badeherbergen und Handwerksbetrieben.

1479 Das Ansehen des Städtchens wächst: Markgraf Christoph I. macht Baden-Baden zu seiner „Hauptstadt": Ab sofort wohnt und herrscht hier dauerhaft der Markgraf. Dafür braucht es natürlich einen schicken Neubau: das Neue Schloss am Florentinerberg. Das ist von nun an Regierungssitz der Markgrafen.

Kostbares Nass
Das Thermalwasser gehört dem Markgrafen. Er „vermarktet" es: Für die Nutzung des Wassers zahlen die Wirte der Badeherbergen – und bald auch die Gäste.

ab 1500 Die Heilwirkung der heißen Quellen spricht sich rum. Viele auswärtige Gäste kommen. Mit zwölf Badeherbergen und 389 „Badekisten" (Badewannen) boomt der Badebetrieb. Wie zur Römerzeit! Die Erfindung des Buchdrucks (ca. 1450) hilft dabei: Gedruckte „Flugzettel" machen Badens Quellen bekannt.

Modell von den Soldatenbädern

100 n. Chr. Aquae wird jetzt immer mehr Stadt: mit Zivilbevölkerung, Wohn- und Geschäftshäusern sowie Badeanlagen, die echte Pracht- und Freizeitbäder sind.

Um 260 n. Chr. ist damit Schluss: Die Alamannen zwingen die Römer zum Rückzug. Was bleibt, sind römische Ruinen – vielleicht aber auch Menschen, die in den Trümmerstätten überleben und den Badebetrieb bescheiden, aber sicher weiterbetreiben.

Römer in Deutschland?
Viele Eroberungszüge über viele Jahrhunderte hinweg haben das antike Rom zu einer echten Supermacht werden lassen. Am größten ist der römische Staat im Jahr 117 n. Chr.: Jetzt reicht er von Britannien im Norden bis nach Ägypten im Süden, und von Spanien im Westen bis nach Syrien im Osten. In dieser Zeit zählen auch Gebiete zum Römischen Reich („Imperium Romanum"), die heute zu Deutschland gehören. So auch Baden-Baden. Das liegt in der Provinz Germania Superior – „Obergermanien".

*Das Land Baden wird regiert von den **Markgrafen** (später Großherzögen). Der erste von ihnen, Hermann, holt den Titel Markgraf in die Familie. Damit sind alle Nachfolger „Markgrafen von Baden". Da der Titel mit viel Ansehen verbunden ist, wächst das kleine Baden politisch zu einem beachtlichen Territorium. Die korrekte Anrede für einen Markgrafen lautet noch heute „Königliche Hoheit".*

1689 hat das muntere Treiben schließlich ein Ende! Baden-Baden wird bei einem Angriff französischer Soldaten in Schutt und Asche gelegt. An Kurgäste denkt in den nächsten 100 Jahren keiner mehr. Wer jetzt noch kommt, findet Misthaufen auf den Straßen und muss seinen Tisch selber decken. Das Neue Schloss ist zerstört, Rastatt wird nun Residenzstadt.

WE WERE HERE

- ***König Sigismund*** *(1418)*
- ***Kaiser Friedrich III.*** *(1473 + 1485)*
- ***Der Arzt Paracelsus*** *(1526): „Die heißen Wasser von Badin (Baden-Baden) aber sind vollkommener als alles andere".*

Der Stadtbrand vom 24. August 1689
Ludwig XIV. will die Vormacht in ganz Europa. Er zerstört daher alles, was auf seiner Marschroute liegt. Seine Soldaten plündern zunächst die Stadt, bestreichen dann Häuser mit Pech und legen Straßen mit Heu aus. Flammen haben nun leichtes Spiel: Sie zerstören Baden-Baden innerhalb weniger Stunden komplett.

19. Jahrhundert

Der „Alte Bahnhof" (Festspielhaus)

Das Goldene Zeitalter

Auf einmal tut sich wieder etwas: Auf der anderen Oos-Seite entsteht ein eigenes Kurviertel – mit Kurhaus, Casino, Trinkhalle und Kurpark.

Das ist bald so attraktiv, dass viele Gäste aus vielen Ländern nach Baden-Baden kommen. Krank ist kaum einer von ihnen. Aber eine Kur ist ein willkommener Anlass, um sich zu vergnügen. Man trinkt jetzt das Heilwasser und „badet" lieber in Gesellschaft. Baden-Baden wird zur Sommerhauptstadt Europas.

Ab 1845 sorgt der Bahnanschluss für noch mehr Gäste. 1850 sind das mehr als 47.000 – das hat bis dahin noch keine Stadt in Europa geschafft.

1872 Das Spiel mit Geld (z.B. im Casino) wird verboten! Im gesamten Deutschen Reich. Was tun? Das Thermalwasser wird wieder „die Nummer 1" – und Baden-Baden ein Kur- und Heilort. Viele Bäderbauten entstehen.

Die Gegenwart

Alles anders

1914–1918 Mit dem Ersten Weltkrieg endet die goldene Zeit für Baden-Baden: Anstelle von Kurgästen sind in den Hotel-Palästen nun verletzte Soldaten untergebracht, die Ära als Sommerhauptstadt Europas ist vorbei.

Baden ~~bei~~ Baden

1931 Die Sache mit dem Namen: Baden-Baden hieß früher schlicht „Badon im Ufgau". Auf Hochdeutsch: „Baden". Verdoppelt wird der Name erst 1931, damit die Briefe gleich nach „Baden-Baden" gehen und nicht erst nach „Baden bei Wien" oder „Baden in der Schweiz".

1945 Die Stadt übersteht fast unbeschadet den Zweiten Weltkrieg ... und wird Hauptsitz der französischen Besatzungsmacht in Deutschland. In einem eigenen Stadtteil, der Cité, wohnen bis ins Jahr 2000 viele französische Soldaten mit ihren Familien.

Beispiele für Prachtbauten des 19. Jahrhunderts: Trinkhalle, Kurhaus, Friedrichsbad

Von der Markgrafschaft zum Bundesland

1806 wird die Markgrafschaft Baden zum Großherzogtum aufgewertet und ist ein weitgehend souveräner Staat (mit Karlsruhe als Hauptstadt und einem König an der Regierungsspitze). Das ist Badens große Zeit!

Mit dem Jahr 1918 endet die Monarchie. Für kurze Zeit wird Baden Republik (bis 1933). Mit der Neuordnung Deutschlands nach dem Zweiten Weltkrieg entsteht 1952 das Bundesland Baden-Württemberg.

1946 Der Südwestfunk (ab 1998 Südwestrundfunk SWR) geht auf Sendung – zunächst nur mit einem Hörfunk-Programm. Das Fernsehen kommt erst später dazu.

1981 Die Landesgartenschau macht die Stadt noch schöner.

ab 1992 Der „Deutsche Medienpreis“ bringt viel Prominenz in die Stadt: z.B. Angela Merkel, Barack Obama, Bill Clinton, Kofi Annan, Nelson Mandela ...

1995 Der Markgraf von Baden verkauft das Neue Schloss. Im „Sommer-Schloss-Verkauf“ werden 25.000 Einzelstücke versteigert.

2009 Angela Merkel empfängt Barack Obama. In Baden-Baden treffen sich Staats- und Regierungschefs aus insgesamt 26 Staaten (NATO-Gipfel). Die Stadt wird zur Hochsicherheitszone.

2017 G20-Finanzgipfel: Die Finanzwelt trifft sich an einem 20 Meter langen Tisch im Kurhaus: Rund 1.900 Delegierte, 600 Journalisten und 400 Polizisten sind an diesen zwei Tagen in der Stadt unterwegs.

G20 GERMANY 2017
BADEN-BADEN

2021 Baden-Baden wird als Teil der *Great Spa Towns of Europe* zum UNESCO-Welterbe ernannt.

Mit zwei oder mehr Pferdestärken durch die Stadt

City-Bahn

Einsteigen und los!

Mit der City-Bahn erhältst du bequem und wettergeschützt einen ersten Überblick über das hügelige Baden-Baden. Sie führt dich 50 Minuten lang durch die Innenstadt ins Bäderviertel und weiter über das „Paradies“ hinauf zur Merkur-Bergbahn Talstation.

Wann die Bahn startet, erfährst du aktuell unter: https://citybahn.wixsite.com/citybahn

Linie 208

Stadtrundfahrt

Der E-Bus 208 schlängelt sich in rund 60 Minuten durch die verschiedensten Winkel und Straßen der Innenstadt – vorbei an allen wichtigen Sehenswürdigkeiten und wieder zurück zum Ausgangspunkt. Wer das „Gesamtpaket“ mit 39 Zwischenstopps wählt, hat am Ende einen guten Überblick über das Stadtgefüge. Ein- und Ausstieg ist jederzeit möglich, sofern machbar auch „auf Zuruf“.

Abfahrten ab Augustaplatz:
Mo–Fr 09:05/11:05/13:05/16:05/17:05
Sa 09:05/12:05
(nicht an Sonn- und Feiertagen)

- *Fahrpreis: Einzelkarte Erwachsene 2,40 €*
  Kinder (6 bis 14 Jahre) 1,70 €
- *Parken: Kongresshausgarage, Kurhausgarage*
- *Tour-Beschreibung:*
  www.baden-baden.com/lage-anreise/linie-208

Kutsche

Stilecht Baden-Baden „erfahren“

Der besondere Blick auf die Stadt: mit Geschichte(n) live von der Kutscherin oder dem Kutscher. Eine Tour dauert wahlweise zwischen 20 und 90 Minuten. Die Fahrt führt entlang der Lichtentaler Allee, je nach gewünschter Dauer über das Kloster Lichtenthal oder direkt über die Villen-Vorstadt zum Ausgangspunkt zurück. Die große Tour geht weiter durch die Innenstadt mit Leopoldsplatz, Trinkhalle und Kurhaus. Und wer mag, kann bei allen Touren noch Getränke und Häppchen dazu buchen.

Startplatz: Kutschenparkplatz vorm Theater

- *Die Kutschenfahrdienste können, je nach Wetterlage, täglich gebucht werden*
- *Tel. 0171 2093680*
- *www.kutschfahrten-baden-baden.de*
- *Fahrpreis: 90 min. 270 €/60 min. 180 €/*
  45 min. 135 €/30 min. 90 €/20 min. 65 €
- *Parken: Kongresshausgarage, Kurhausgarage*

Fahrrad

Bikesharing-System „nextbike“

Start und Rückgabe an den Stationen:

- *Bahnhof Baden-Oos (+ Pedelec-Station)*
- *P&R-Parkhaus Cineplex-Kino, Cité*
- *Verfassungsplatz, Eisenbahnstraße*
  (+ Pedelec-Station)
- *Leopoldsplatz (hinter der Sparkasse)*
- *Augustaplatz (+ Pedelec-Station)*
- *Klosterplatz Lichtental*

Registrierung unter www.kvv-nextbike.de

Oberer Seiteneingang zum Friedrichsbad (→ S. 27)

Tour 1

Wasser-Marsch

Baden-Baden ohne Wasser? Das wäre wie ein Fußballspiel ohne Fußball oder Reiten ohne Pferd. Auf Schritt und Tritt begegnest du in unserer Stadt dem Quellwasser. In dieser Tour durch das Bäderviertel erfährst du daher ganz viel über das Wasser und über die Gebäude, die mit diesem Wasser zu tun haben.

Touren-Länge: ca. 550 m

Für Kinderwagen: nicht geeignet

Parkhäuser:
- *Vincentigarage (Mo–So: 24 h)*
- *Bädergarage (Mo–So: 7–22 Uhr)*

Unsere „Haltestationen":

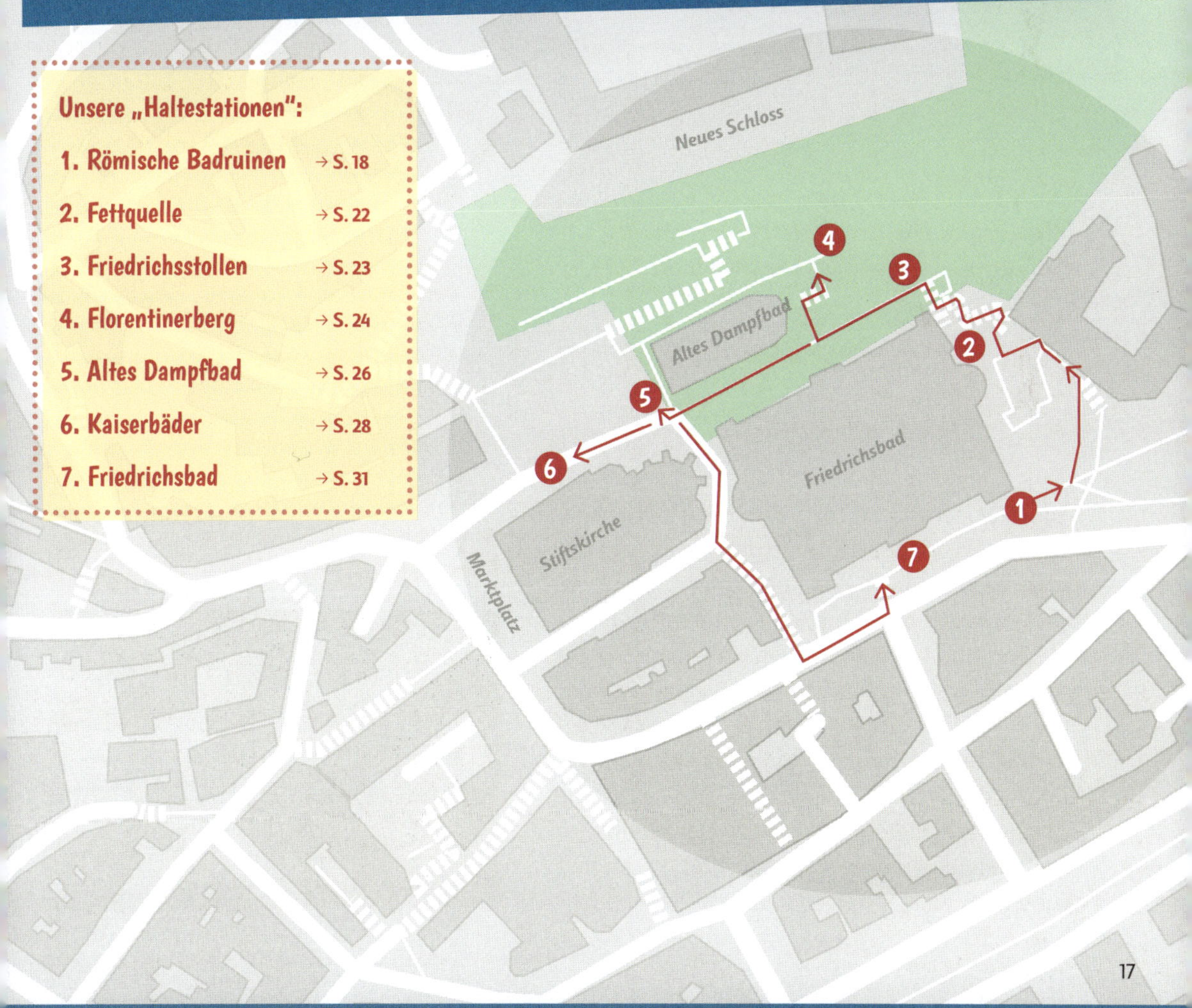

1. Römische Badruinen

Hier auf dem Römerplatz herrschte einst geschäftiges Treiben – als die Römer noch lebten und Baden-Baden noch Aquae hieß. Das ist 2.000 Jahre her, und die „Beweisstücke" liegen tief in der Erde: Von den ***Soldatenbädern*** (unterhalb vom Friedrichsbad) und den ***Kaiserbädern*** (unter dem Marktplatz, sie sind nicht begehbar) sind nur noch die Ruinen aus römischer Zeit übrig. Forscher vermuten hier noch eine Art Krankenhaus, Sportanlagen und einen Weihebezirk mit Götterbildern und Weihesteinen. Denn Plätze, an denen Quellen entspringen, waren für Römer (und andere übrigens auch) heilige Orte.

Soldatenbäder

= Museum antiker Badekultur (→ auch S. 20)
Steinstraße/Tiefgarage Friedrichsbad

- *errichtet um 75/100 n. Chr.*
- *mehrfach umgebaut, nach Brand renoviert und erweitert*
- *bis ins 3. Jhd. n. Chr. in Betrieb*

Die Überreste können wir heute im Museum antiker Badekultur bewundern:

Bäder machten das Leben für die Römer erst lebenswert, vor allem wenn sie – fern der Heimat – in der Provinz lebten oder als Soldaten unterwegs waren. Die Freude war daher groß, als römische Truppen um 75 n. Chr. die heißen Quellen entdeckten: so viel warmes Wasser – und das bei uns im kalten Germanien! Daraus ließ sich was machen. So entstand ein Thermal-Heilbad für das Militär, die sogenannten Kaiserbäder (→ *S. 28*).
Zusätzlich errichteten die Römer die Soldatenbäder, ein Badehaus, in dem sich jedermann waschen konnte. Das Wasser hierfür wurde in Öfen erhitzt.

Auch nach Abzug der römischen Truppen (ab 100 n. Chr.) nutzte die Bevölkerung die Soldatenbäder. Sie wurden jetzt „modernisiert“ und wuchsen zu einer richtigen Badelandschaft mit Massage- und Ruheplätzen sowie Sport- und Erholungsmöglichkeiten.

Verschieden warme Wasserbecken, Schwitz- und Kältebäder sorgten für einen Wechsel zwischen heiß und kalt. Denn das soll der Gesundheit gut tun – neben dem Spaßfaktor schon damals der wichtigste Grund, ins Bad zu gehen.

Weihesteine

Für die Römer halfen die Götter beim Gesundwerden genauso wie das Wasser. So mancher Badegast hat daher seinem Gott – dankbar für die Genesung – einen Weihestein gewidmet: einen großen Pfeiler aus Stein mit Inschrift und manchmal auch mit Bild.

Weihestein für die Heilgöttin Visuna (gefunden am Römerplatz)

Tipp

Für Eilige: Die Glasfenster unterm Römerplatz

Durch die Glasfenster kannst du schon einen kleinen Teil der Gesamtanlage von außen betrachten. Du schaust hier sozusagen in den Heizungskeller hinein: Die vielen Pfeiler und Pfosten sind Teil des Heizungssystems, mit dem Wände und Fußböden der Soldatenbäder beheizt wurden (sogenannte ***Hypokausten****, →* ! *Infokasten auf S. 21). Dadurch war es im Innern richtig warm und auch ziemlich dampfig.*

Online-Video-Tipp:
Rekonstruktion der Soldatenbäder

Römische Badruinen

Museum antiker Badekultur

*Steinstraße/
Tiefgarage Friedrichsbad*

Öffnungszeiten:
16.03. bis 15.11.:
*täglich 11–12 Uhr und
15–16 Uhr*

16.11. bis 15.03.: geschlossen

Eintritt:
*Erwachsene: 5€,
Kinder bis 14 Jahre: 2€*

- ***Audio-Guide*** *kostenlos an der Kasse erhältlich*
- ***Führungen*** *jeden 2. Samstag im Monat, 14 Uhr, und auf Anfrage*
- *auch* ***Kinderführungen***
- ***Weitere Informationen:*** *Info: Tel. 07221 275934*

Hol dir an der Kasse diesen Übersichtsplan:

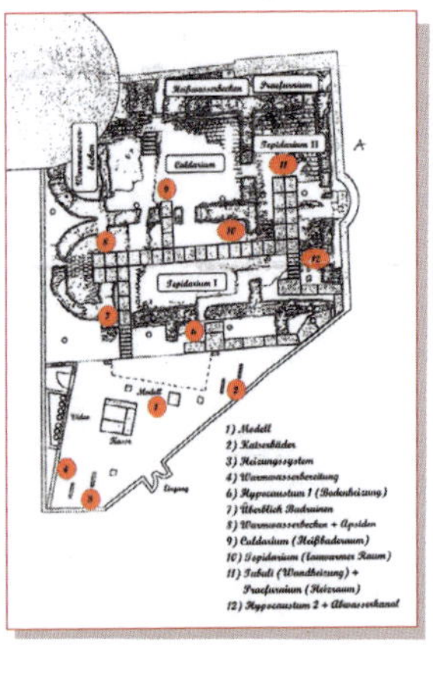

3D-Rekonstruktion der Soldatenbäder

Julius erzählt …

So haben wir Römer gebadet

(S. 152) – Wir Kinder hatten damals freien Eintritt. Meine Mutter bezahlte für sich und die Frauen unseres Hauses am Morgen 1 As – das gebt ihr heute für ein Pfund Brot aus. Mein Vater kam oft erst am Nachmittag mit seinen Freunden. Er zahlte dann nur den halben Preis, weil das Wasser ja nicht mehr ganz so frisch war wie am Vormittag …

Die Klamotten blieben natürlich draußen – in einem eigenen Raum. Dann ging's zum „Duschen" ins ***Tepidarium***, einen lauwarmen Saal: Die Erwachsenen übergossen sich im Stehen einfach mit Wasser und unterhielten sich dabei.

Wir Kinder spielten lieber draußen Ball oder machten Sport im Sand. Da kam man ganz schön ins Schwitzen! Und dann eine erste Abkühlung im Bad, das tat gut. Ach ja, den Sand von draußen hatten wir vorher mit einem Stab abgeschabt. Wenn man sich zuvor noch mit Öl eingerieben hatte, bekam man ganz leicht den Schmutz von der Haut ab. Ihr macht das heute mit Seife. Die gab's bei uns noch nicht.

Was in der Welt so passierte, erfuhr ich spätestens bei den anderen im Heißbaderaum ***(Caldarium)***. Das war der zentrale Raum, dessen Wände, Böden und Sitzbänke dank einer Fußbodenheizung (***Hypokausten***, → (!) *Infokasten*) schön warm waren. Hier streckte man sich gemütlich im Wasser aus und unterhielt sich.

Aber Achtung! Der Boden war hier so heiß, dass du unbedingt Holzpantinen tragen musstest. Die Luftfeuchtigkeit betrug nahezu 100 %! Am besten ging man gleich weiter ins nächste ***Tepidarium***. Dort war es angenehm „kühl". Ich war da übrigens am liebsten: Hier konnten wir nämlich spielen, zum Beispiel „orca". Meine Mutter ließ sich in diesem Raum lieber massieren und einsalben. So ging für alle die Zeit ziemlich schnell um.

Übrigens: Die großen Thermen in Rom boten noch viel mehr: Dort konntest du zum Friseur gehen, dich schminken lassen, Arztbesuche erledigen oder Bücher ausleihen. Ein Traum!

Hypokausten – mehr als nur „heiße Luft"

Wörtlich heißt hypocaustum (lat.) „von unten beheizt". Hypokausten sind also eine Art Fußbodenheizung: Dabei ruht der Fußboden auf vielen kleinen Ziegelpfeilern. Zwischen denen fließt heiße Luft hindurch, die durch Holzverbrennung in einem kleinen Seitenofen (praefurnium) erzeugt wird. Dieses System funktioniert auch für Wände: jetzt sind es Hohlziegel (tubuli), durch die die heiße Luft nach oben steigt.
Wie gut, dass der Schwarzwald so viel Holz lieferte!

QUIZ?

Findest du im Tepidarium (II) diese römische Hundepfote im Boden?

Warum trugen die Römer beim Besuch der Thermen Holzpantinen?

Um sich nicht die Füße zu verbrennen.

orca-Spiel

Jeder Mitspieler erhält 5 Nüsse. Diese müssen aus einer bestimmten Entfernung in die orca, eine Tonschüssel, geworfen werden.

Vom Eingang des Museums geht es weiter: zum Ende des Durchgangs und ein paar Stufen hinauf zu einem großen Platz …

2. Fettquelle

Du stehst wieder auf dem Römerplatz. Schau genau hin: Findest du das ***Bassin*** mit dem plätschernden Wasser, das hier auf dem Bild zu sehen ist? Das Wasser, das hier Tag und Nacht aus dem Hahn läuft, ist das der Fettquelle. Sie ist eine von zwölf Quellen, die Baden-Baden so berühmt gemacht haben.

Macht die Fettquelle fett?
☐ ja ☐ nein

*Nein. Auch wenn hier viele kleine Gesteinsteilchen (**Minerale**) das Wasser wie Fett glänzen lassen, sind hier keine unterirdischen Brühwürfel im Spiel!*

Ist das Wasser ☐ warm oder ☐ kalt?
Probier's aus!

*Klar ist es warm: Es handelt sich ja um Thermalwasser. Da steckt die Wärme schon im Wort: **thermós** ist die griechische Bezeichnung für „warm, heiß".*

!

Die Baden-Badener Quellen haben es „in sich":

Sie enthalten viele Minerale (z. B. Natrium-Chlorid, Fluorid, Lithium, Calcium und Kalium). Insgesamt 2.400 kg Mineralstoffe täglich schwemmen die Quellen auf ihrem Weg nach oben an die Oberfläche!
Damit hat Baden-Baden die mineralreichsten Quellen in ganz Baden-Württemberg! Und einen kostenlosen Baustoff: Wenn das Wasser verdunstet ist, bleibt schwarz-poröser Kalkstein übrig. Mit dem ist übrigens die Nische der Fettquelle ausgekleidet und der Sinterbrunnen in der Lichtentaler Allee errichtet (→ S .91).

Und woher kommt das Wasser?
Lass uns nach Antworten suchen: Dafür gehen wir über die Dernfeldstaffeln hinauf zum Schlossberg und kommen vorbei an einer geheimnisvollen Tür …

3. Friedrichsstollen

Wenn du dein Ohr an die Tür legst, hörst du es rauschen: Thermalwasser!
Durch den Druck der Erdmassen gelangt es aus fast 2.000 Metern Tiefe an die Oberfläche – dank einer Bruchstelle im Gestein gleich an mehreren Stellen!

Der Friedrichsstollen ist ein unterirdisches Tunnelsystem, das vor 150 Jahren gebaut wurde: Das Wasser wird aus mehreren Einzelquellen zusammengefasst und weitergeleitet. Theoretisch könntest du in den Gängen auch umhergehen, aber das ist fast unmöglich. Hier ist es viel zu heiß, du bekommst keine Luft. Kein Wunder: Das Wasser kommt mit fast 70 °C aus der Tiefe!

Der Stollen

- *1870 beim Bau des Friedrichsbads in den Schlossberg getrieben*
- *längster, begehbarer Stollen der Stadt (160 m)*

QUIZ?

Wie alt schätzt du die Quellen?

- 12.000 bis 17.000 Jahre ☐
- 200 bis 500 Jahre ☐
- ein bis zwei Millionen Jahre ☐

Die erste Antwort ist richtig!

Das Wasser im Stollen fließt zu

- Hotels der AltstaDt
- FriEdrIchsbad und Caracalla Therme
- ReiHerbrunnEn (Sofienstraße)
- TrinkhalLe

Wenn du die **ROTEN** Großbuchstaben nebeneinander schreibst, dann weißt du, wie man die hölzernen Rohrleitungen nennt, in denen das Thermalwasser früher befördert wurde: _ _ _ _ _ _ _ **N**

4. Florentinerberg

Der steile Hang zum Neuen Schloss hoch wird Florentinerberg genannt. Früher wuchsen hier nämlich Weinreben aus Florenz! Heute gedeihen hier viele verschiedene Pflanzen, die keine „kalten Füße“ vertragen, z. B. Oleander oder Feigen.

Fußbodenheizung für die Pflanzen

Und schon wieder kommen die heißen Quellen ins Spiel: Sie wirken wie eine Art Fußbodenheizung für den Boden im Schlossberg! Durch sie können all die besonderen Pflanzen unsere kalten Winter komfortabel überstehen.

Übrigens: Schlossberg und Florentinerberg – das ist dasselbe.

Sieh dir diese alte Postkarte an. Was fällt dir auf?

!

Die Quellen am Florentinerberg liefern 800.000 Liter Wasser am Tag. Das sind

- **9½ 1-Liter-Flaschen, die in einer Sekunde gefüllt werden oder**
- **2 Badewannen-Füllungen pro Minute**

Die Höllquelle – teuflisch heiß

Mit welcher Kraft die weißen Dampfschwaden aus der Erde kommen! Viele Menschen glaubten früher an ein Werk des Teufels, der das heiße Wasser direkt aus dem Höllenfeuer nach oben schicken würde ...

Heute gibt es dieses Spektakel nicht mehr, die Quellen (und damit auch ihr Dampf) bleiben unter der Erde. Geblieben ist die Bezeichnung „Höllquelle“ für die heißeste Quelle der Stadt.

Auch für die Techniker, die den Stollen warten müssen, ist es „die Hölle“: Trotz künstlicher Luftzufuhr können sie sich nur zweimal 10 Minuten darin aufhalten.

QUIZ?

Apropos Fußbodenheizung:
Weißt du noch, wie die Römer dazu sagten?

Hypokausten

Die Fresken der Trinkhalle (→ S. 83) zeigen die Nymphen und ihren Vater, den strengen Nixenkönig.

Die Sage

Julius erzählt ...

Von der Entstehung der heißen Quellen

(🔊 *S. 152*) – Im dunklen Wasser des Mummelsees wohnten einst wundersame Nixen. Ihr Vater, der Nixenkönig, wachte streng über sie. Ab und zu durften sie das Wasser verlassen. Da begab es sich, dass drei junge Burschen im Schwarzwald auf Wanderschaft waren und den hübschen Nymphen begegneten. Die ahnungslosen Männer! Sie folgten den Nixen zum Mummelsee. Als sie am Abend das Ufer erreichten, tat sich das Wasser auf und verschlang sie.

Da standen die drei nun in einem Saal – unter dem See –, der mit Perlen und Diamanten ausgeschmückt und von Millionen von Lampen erleuchtet war. Vor ihnen: der alte König des Sees, zornig, weil seine Nymphenkinder die drei jungen Männer verführt hatten.

Doch die setzten sich für die schönen Nixen ein. Mit Erfolg! Der König entließ seine Töchter ungestraft. Den drei Burschen aber schenkte er je einen magischen Stein und schickte sie an die Wasseroberfläche zurück.

Übermütig warf der Jüngste seinen Stein in den See zurück. Daraufhin brach ein solches Unwetter los, dass die drei fürchteten, der Untergrund würde sich abermals öffnen und sie nun für immer verschlingen. Voller Angst rannten sie los. Atemlos erreichten sie das Tal und ließen sich erschöpft fallen.

Das war just am Baden-Badener Schlossberg. Dabei kullerte einem der Burschen der Stein aus der Tasche und fiel zu Boden. Und siehe da: Der Fels öffnete sich und heißes Wasser sprudelte hervor. Doch nicht nur hier: Der Stein rollte weiter den Berghang hinab, und überall dort, wo er den Felsen berührte, taten sich heiße Quellen auf. ... Die Nymphen aber, so will es die Legende, sind seither nicht mehr gesehen worden.

QUIZ?

Wie häufig ist demnach der magische Stein in Baden-Baden aufgeschlagen?

Zwölf Mal, da in Baden-Baden 12 Quellen aktiv sind.

Schau dir jetzt das Gebäude in Rot- und Ockerfarben an ...

5. Altes Dampfbad

Ein hübsches Haus, das Architekt Heinrich Hübsch da erbaut hat! So als ob man in der Toskana wäre: dreigeschossig, symmetrisch, mit flachem Dach und zentralem Eingang. Gestrichen in Erdfarben und mit Schmuck aus Backstein und Terrakotta!

Altes Dampfbad

- *errichtet 1846–48 von Heinrich Hübsch*
- *heute Ausstellungshaus und Sitz des Vereins der Freunde Junger Kunst*

Auch bei diesem Gebäude dreht sich alles ums Wasser! Es steht direkt über der ***Ursprungsquelle*** *(→ ! Infokasten auf der nächsten Seite)*. Die aufsteigende Hitze hat man zu therapeutischen Zwecken genutzt: In mehreren Räumen konnten die Kurgäste in Dampf baden oder ihn heiß einatmen (= inhalieren). So hübsch Haus und Idee waren: Erfolg brachte beides nicht …

!

Stelzenvasen

Die übergroßen Vasen aus Terrakotta zeigen schon von Weitem: Hier hast du es mit Wasser und Römern zu tun. Die drei Amphoren sind nämlich typische Aufbewahrungsbehälter, wie sie die Römer benutzten (in kleineren Ausgaben natürlich). Sie sind die Idee des Bildhauers Franz Stähler (1956–2018), denn genau an dieser Stelle befinden sich die unterirdischen Kaiserbäder (→ S. 28) aus der Römerzeit.

Im Gegensatz zum Alten Dampfbad war das später erbaute ***Friedrichsbad*** auf der gegenüberliegenden Seite (→ *S. 31*) von jeher gut besucht.

Dieser Teil vom Friedrichsbad war den Reichen vorbehalten: Sie konnten direkt mit der Kutsche vorfahren und ebenerdig das Bad betreten.

Ursprungsquelle (68 °C)

Die Baden-Badener haben diese Quelle früher ganz anders genutzt: Sie wuschen ihre Wäsche in dem heißen Wasser oder brühten geschlachtetes Vieh im sogenannten Brühbrunnen auf dem Marktplatz.

In einem Bade-Ratgeber aus dem Jahr 1480 heißt es sogar: „Die Hitze des Badener Wassers ist so groß, dass man darin Eier kochen kann."

Wenn du geradeaus in Richtung Stiftskirche weiterläufst, kannst du lange schwarze Linien im Kopfsteinpflaster entdecken …

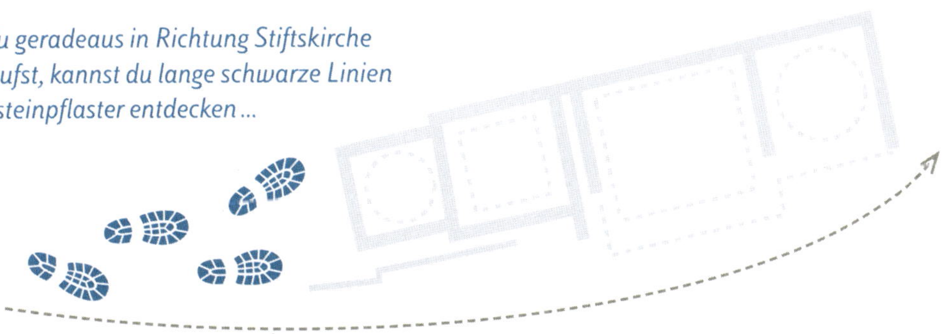

6. Kaiserbäder

Die schwarzen Linien im Kopfsteinpflaster zeichnen die Form der römischen Kaiserbäder nach, die hier unter der Erde liegen. Man hat sie bei Bauarbeiten entdeckt, erforscht – und wieder zugeschüttet, da man Marktplatz und Stiftskirche brauchte.

Die Kaiserbäder

- *ab ca. 100 n. Chr. in Betrieb*
- *vermutlich nach einem Brand modernisiert durch Caracalla (Kaiser in Rom von 211–217)*
- *1847 wiederentdeckt*

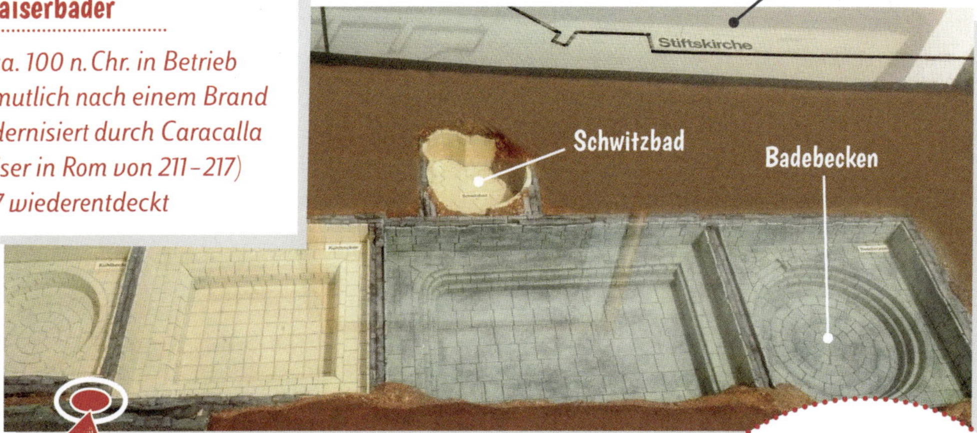

Modell aus dem Stadtmuseum

Hier stehst du – die Überreste der hier gezeigten Bäder liegen tief unter dir vergraben!

Ich bin Luxus aus Rom gewöhnt. Ich bin der König der Bäder! Meine Thermenanlage in Rom hat alles übertroffen!

Die Kaiserbäder gehören zum antiken Bäderviertel, so wie die Soldatenbäder unterm Römerplatz (→ *S. 18*).

Das Thermalbad bestand aus vier Wasserbecken und einem Heißluftraum. Für Luxus im Innern sorgten weißer Marmor und grüner Granit. Praktischerweise haben die Römer das Gebäude direkt am Florentinerberg gebaut. Hier entspringt noch heute das heiße Thermalwasser.

Kaiser Caracalla

Kaiser Caracalla soll die Baden-Badener Therme erweitert und prachtvoll ausgestattet haben.

STECKBRIEF

Name: *Marcus Aurelius Severus Antoninus*
Spitzname: *Caracalla (= der Kapuzenmantel)*
Beruf: *211–217 römischer Kaiser*

Das hasse ich: *meine Ehefrau*

Das liebe ich: *Reden halten, zupacken, Soldat sein, im Mittelpunkt stehen*

Charakter: *ehrgeizig, grausam, prunksüchtig, bestechlich*

Negative Merkmale: *Ich will allein regieren! Deshalb habe ich meinen Bruder und seine Anhänger umgebracht. Außerdem höre ich nur auf das, was meine Soldaten sagen.*

Positive Merkmale: *Die Caracalla-Thermen in Rom habe ich finanziert. Sie haben zu meiner Zeit die größte Kuppel der Welt! Und ich verleihe allen Freigeborenen im Reich das römische Bürgerrecht.*

Gesamteindruck: *Ich habe viele Gesichter!*

QUIZ?

Warum sind die Wasserbecken wie Stufen in den Hang gebaut?

A) Der Kaiser hatte von oben einen besseren Blick auf seine Untertanen.

B) Das heiße Wasser wurde oben gesammelt und konnte abkühlen, bevor es in ein tieferes Becken floss.

C) Der Boden war an manchen Stellen so hart, dass er nicht gleichmäßig abgetragen werden konnte.

Antwort B ist richtig.

Jetzt geht es die renovierten Kirchenstaffeln hinunter: Die haben Kinder schon vor 500 Jahren benutzt!

Wie viele Stufen zählst du?

Jetzt sieh die Straße rechts hoch: die Steinstraße. Sie gehört zu den ältesten Straßen der Stadt. Hier hat das heiße Wasser von Baden-Baden sogar Wunder vollbracht …

Aurelia erzählt …

Wie das Thermalwasser die Pest besiegte

(🔊 *S. 152*) – Wieder einmal war die Pest ausgebrochen. Die Menschen starben reihenweise. Selbst den Markgrafen hatte es erwischt. Wer noch lebte, verließ die Stadt.

In ihrer Not stieg Markgräfin Katharina (1420–93) auf den Turm ihres alten Schlosses – dort oben fühlte sie sich dem Himmel näher. Sie versprach der Muttergottes, dass zwei ihrer Kinder Mönch und Nonne würden, wenn die Pest nur endlich ein Ende nähme!

Und stellt euch vor: Die Muttergottes erschien der Markgräfin und befahl ihr, die Straßen der Stadt mit heißem Quellwasser zu fluten. Sofort wurde das dampfende Wasser vom Florentinerberg hinunter in die Straßen der Stadt geleitet. Und siehe: Nach wenigen Tagen war die Pest verschwunden.

Die Markgräfin hat tatsächlich Wort gehalten: Ihr Sohn Friedrich ist später Bischof von Lüttich geworden, ihre Tochter Margarethe Äbtissin des Klosters Lichtenthal (→ *S. 122*)!

→ Dieses Bild in der Trinkhalle zeigt die Markgräfin, wie sie die Gottesmutter um Hilfe bittet.

QUIZ?

Kannst du dir denken, warum die Pest verschwunden ist?

Das heiße Wasser spülte Schmutz und Dreck von der Straße. Damit hatten die Ratten und ihre Flöhe, die die Pest übertragen, keine Lebensgrundlage mehr. Durch die Hitze des Wassers wurden außerdem Krankheitserreger abgetötet.

Unsere letzte Station liegt nur wenige Schritte links von dir …

7. Friedrichsbad

Viele Gäste kamen Ende des 19. Jahrhunderts wegen des guten Wassers nach Baden-Baden. Die Stadt wurde ein richtiges Kur- und Heilbad. In diese Zeit fiel der Bau des Friedrichsbads. Das Gebäude steht daher ganz im Zeichen des Wassers und soll dessen „Erfolgsgeschichte“ zeigen.

Das Friedrichsbad – in Stein gemeißelte Stadtgeschichte

- *errichtet 1869–77*
- *Architekt: Carl Dernfeld*
- *Auftraggeber: Großherzog Friedrich I.*
- *siehe Baustil-Runde S. 42*

Hey Friedrich, von der Seite sieht dein Bad aus wie die Soldatenbäder aus der Römerzeit …

Das geschieht zuerst in der Architektur des Hauses. Sie ist „römisch-antik“ und spielt so auf die Leistung der ***Römer*** in Baden-Baden an: Sie haben das Wasser entdeckt.

Dann ist da die prächtige Hauptfassade (*→ nächste Seite*). Siehst du die rund gerahmten Portraitköpfe zwischen den Fensterbögen? Das sind alles ***Persönlichkeiten***, die vor langer Zeit für die Stadt und ihre Quellen wichtig waren: Könige, Ärzte, Gelehrte ... Sie sind mit ihrem Namen im Stein verewigt. Die Figuren von Äskulap und Hygieia neben dem Eingang passen auch dazu: Als Götter wachen sie seit der Antike über die Gesundheit der Menschen. In den Schrifttafeln über ihnen wird die Macht der Elemente Wasser und Feuer beschworen.

… mit rotem Sockel und rundem Vorbau – das ist Absicht!

Natürlich darf hier nicht fehlen, wer den Bau dieses Bades angeregt hat: Großherzog Friedrich I. Er thront über dem Eingang wie in einem Triumphbogen.

Großherzog Friedrich I. →

Hier ein paar „hochgestellte" Persönlichkeiten:

Der römische Kaiser HaDrian
→ zu seinen Lebzeiten wurde Aquae gegründet

Marcus AurElius (= **Caracalla**)
→ der römische Bäderkönig

HippokRates
→ der wohl berühmteste Arzt des Altertums

Robert BuNsen
→ er analysiert die Quellen erstmals chemisch, Zusammensetzung und Wirkung des Thermalwassers sind nun naturwissenschaftlich nachgewiesen
→ Erfinder des Bunsenbrenners

„Warum sind die Wasser von Baden-Baden so heilsam?"

Paracelsus
→ Arzt und NaturwissenschaFtler
→ er erklärt die Baden-Badener Quellen zu HEilquellen

ÄskuLap und seine Tochter **Hygieia**
→ die Götterbilder stehen für Heilkunst und GesunDheit

QUIZ?

Wie heißt der Architekt des Friedrichsbads?

Die **ROTEN** Großbuchstaben – von oben nach unten gelesen – ergeben seinen Nachnamen:

Carl

_ _ _ _ _ _ _ _ _

Von der Trinkkur ...

Das Friedrichsbad war spätestens ab 1877 in „aller Munde“: Das Wasser wurde nämlich nun auch getrunken. Das nennt man Brunnen- oder Trinkkur. Ort hierfür war die elegante Wandelhalle im ersten Stock, in der heutzutage Veranstaltungen stattfinden.

... zum Fitness-Studio!

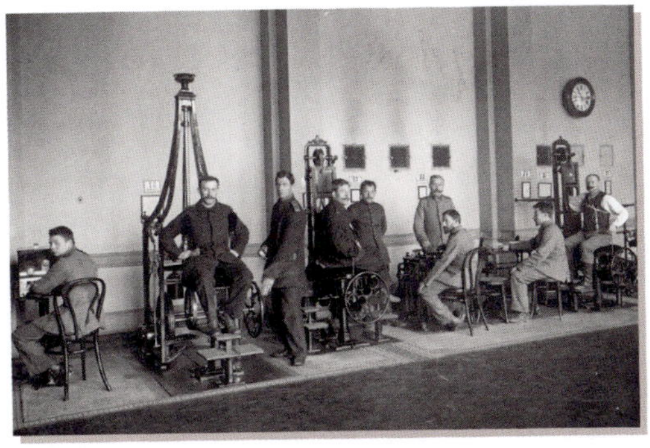

Diese Wandelhalle wurde 1884 zum ersten Fitness-Studio Deutschlands: Zur ***„Anstalt für mechanische Heilgymnastik“***! Hier konnte man sich bewegen – aber auch bewegt werden!

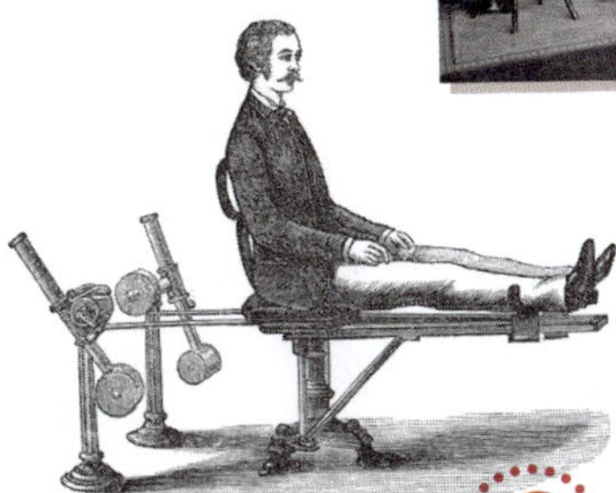

Tipp

Noch mehr Wasserswertes gewünscht?

Dann besuch doch das ***Paradies*** (→ S. 128)!

QUIZ?

Richtig oder falsch?

Das Friedrichsbad war von Anfang an für seine luxuriösen Bad-Einrichtungen bekannt. Vieles erfand der Installateur Thiergärtner aus Baden-Baden. Er war so berühmt, dass er

A) Badewannen an den Zarenhof nach Petersburg lieferte.
B) die Messinghandläufe für die Titanic fertigte.
C) geadelt wurde.

Zwei Antworten sind richtig – welche?

Richtig sind A und B.

Und was der Petersdom in Rom mit dem Friedrichsbad zu tun hat? Das erzähle ich dir auf der Baustil-Runde!

Spezial

Baden in Baden-Baden

**Der Name ist Programm!
Und jede Zeit hat etwas daraus gemacht …**

Wie die Römer gebadet haben?

Grob gesagt: immer im Wechsel zwischen kalt und warm, mehrere Stunden lang. Und all das am besten täglich und in attraktiver Umgebung, ausgestattet mit allem Komfort. So wie auf diesem lustigen Bild von einem nicht ganz echten römischen Bad.

Salus! Hochverehrte römische Göttin – zuständig für Gesundheit und Wohlbefinden! Bedient vom Götterboten Merkur … Die Schlange stand bei den Griechen für Wiedergeburt und ewige Jugend. Bei den Römern wurde sie zum Symbol für Heilung.

Zuerst wurde „geduscht“ – dann ging's los!

Hier machten Neuigkeiten schnell die Runde.

Baden dauerte lange – spielen auch!

Kaufleute schlossen hier Geschäfte ab.

In einem römischen Bad war immer was los, auch an einem ganz normalen Werktag.

Wie die Römerkinder gebadet haben? Lass es dir erzählen (🔊 *S. 152*).

Der Ablauf eines Bades war (fest) vorgeschrieben: Nach dem Ablegen der Kleider ging's zum Aufwärmen auf den Sportplatz oder direkt zum „Duschen" in den Kaltbaderaum. Es folgte das lauwarme Bad (zum schrittweisen Aufwärmen), dann das Heißbad und eventuell ein Schwitzbad. Das anschließende Kaltbad beendete diesen Durchgang.

Die Römer sind schuld …

… dass man in Baden-Baden überhaupt baden kann: Sie haben die warmen Quellen entdeckt. Ihre Badehäuser waren prachtvoll ausgestattet und lichtdurchflutet – damit haben sie uns beigebracht, wie man „richtig" baden und sich dabei „prächtig" erholt.

Sport und eine Massage mit gutem Öl gehörten dazu: Baden hieß ja Erholung für Körper und Seele!

Männlein und Weiblein badeten nicht immer getrennt – aber immer ohne Kleider!

Im ***Friedrichsbad*** (→ *S. 31*) wird auch heute noch „römisch" gebadet, allerdings mit kleinen Unterschieden zu früher:

Bei den Römern ging's laut zu. Heute ist hier Ruhe erwünscht.

Das Quellwasser wird heute nicht mehr getrunken.

Verschieden warme Heißluftbäder aus der irischen Badetradition ergänzen heute das „römische" Angebot.

QUIZ?

Weißt du, warum die Schlange im Alten Griechenland für ewige Jugend steht?

A) Sie ist so schlau, dass sie selbst das Alter überlistet.

B) Sie häutet sich und entsteht damit immer wieder „neu".

C) Ihr Gift glättet Falten.

Richtig ist Antwort B.

Und im Mittelalter?

Der Spaß am und im heißen Wasser blieb! Allerdings badete man jetzt in einfachen Holzwannen und kleinen Räumen.

Und wo? In Badeherbergen und öffentlichen Badstuben. Manchmal auch im Freien. Viele Menschen reisten jetzt extra von außerhalb an. Das Heilwasser sollte sie gesund machen. Richtige Badehotels mit hauseigenen „Badekabinetten“ (= Baderäumen) entstanden.

Im Mittelalter fiel das Baden deutlich bescheidener aus als bei den Römern.

*Das **Baldreit** (→ S. 39 und S. 75) war so ein Haus. Hier könnte es um 1540 so ausgesehen haben:*

Bei Bedarf wurde der Zuber abgedeckt: So blieben heiße Dämpfe drinnen ... und neugierige Blicke draußen.

Baden im Hotel

Über Holzleitungen floss das Quellwasser direkt zu den Badeherbergen. Diese kleinen Hotels wurden meist von Privatleuten betrieben.

Gebadet wurde in Badekisten, einfachen Holzwannen. Die konnten drinnen oder draußen stehen.

Das Quellwasser ist von Natur aus sehr heiß! Es wurde schon am Vortag eingelassen und am nächsten Morgen mit frischem Quellwasser auf die gewünschte Temperatur gebracht.

Wer richtig kuren wollte, brauchte ...

... Zeit

Tägliche Badedauer: 30 Minuten bis max. 10 Stunden! Und das bei 6 Wochen Kuraufenthalt!
Gegen so viel Langweile im Wasser half nur: essen und trinken, Schach spielen, mit dem Nachbarn reden, Musik hören ... alles im Wasser!

... eine gute körperliche Verfassung

Hohe Wassertemperatur und überlange Badedauer ließen so manchen Badegast bewusstlos werden. Die Gelehrten stritten daher jahrelang über die angemessene Badedauer.

... keine Kleider

Gebadet wurde „nackend wie die Frösch".

... Anstand

Männlein und Weiblein badeten getrennt (so der offizielle Wortlaut!)

... und was noch?

Wer Geld hatte, gestaltete sowohl die Anreise als auch den Aufenthalt so angenehm wie möglich: Er ging auf „Bade(n)fahrt" mit Kutsche ... und manchmal auch mit eigenem Bett.

Der Bader – ein Mann für alle „Felle"
Haare schneiden – das war eine typische Arbeit des Baders. Darüber hinaus kümmerte er sich um die Gesundheit seiner Kurgäste. Er bestimmte die Badedauer, setzte Blutegel, richtete Brüche, zog Zähne oder schnitt einfach nur Haare. Ein wirklich „praktischer" Arzt!

Ein Bader, der zu Geld gekommen war, war Ulrich der Scherer: Er hat das steinerne Kruzifix bezahlt, das heute in der ***Stiftskirche*** steht (→ *S. 71*).

So sah ein „Bad mit Schmauserei" um 1519 aus.

QUIZ?

Woher kommt der Begriff Freibad?

A) Das Bad liegt im Freien.
B) Das Bad kostet keinen Eintritt.
C) Männlein und Weiblein baden gemeinsam.

Weil die Benutzung kostenfrei war, kam es zur Bezeichnung „Freibad".

Und heute?

Sonne, Luft und Thermalwasser. Das sind immer noch die drei Größen, die Baden-Baden attraktiv machen. Neben Urlaubern kommen Menschen hierher, deren Muskeln und Gelenke schmerzen, oder die Unfälle oder Operationen hinter sich haben. Oft kann das Thermalwasser ihre Beschwerden lindern.

Der Reiherbrunnen in der Sophienstraße

Die Fettquelle am Römerplatz

Fühlen, baden, treten, atmen

- ***Fettquelle und Reiherbrunnen:*** Thermalwasser trinken – das darfst du nicht. Aber anfassen kannst du es: An der Fettquelle (→ *S. 22*) und am Reiherbrunnen (auf der Mittelachse der Sophienstraße) kommt das Wasser warm aus der Leitung.

- ***Caracalla Therme:*** Hier kannst du in Thermalwasser baden (→ *S. 48*).

- ***Wassertreten am Merkur:*** In der Kneipp-Anlage (→ *S. 127*). Wie ein Storch watest du barfüßig durch das Becken mit kaltem Wasser. Nach ca. 2–4 Minuten streifst du das Wasser ab, ziehst warme Strümpfe an und bewegst dich, bis die Füße wieder trocken sind. Wichtig: nur mit warmen Füßen ins kalte Wasser! Das ist ein super Training gegen Erkältungen.

Wie wirkt das Baden-Badener Thermalwasser?
Natrium, Chlorid, Lithium, Kieselsäure und Bor – diese Stoffe sorgen ganz besonders für die heilende Wirkung des Wassers. Bei einer Badekur werden sie über die Haut aufgenommen und im Blut weitertransportiert – z.B. in die schmerzenden Gelenke. Durch die Wärme des Wassers wird dieser Vorgang positiv verstärkt.

QUIZ?

Woher kommt die Redensart „Etwas ausbaden"?

Also: verantwortlich gemacht werden für etwas, was ein anderer verschuldet hat. Welche Antwort ist richtig?

A) Wer so lange im Badewasser saß, bis die Haut schrumpelig wurde, wurde gern verspottet: „Selber schuld!".

B) Wer zuletzt badete, hatte in öffentlichen Bädern früher die Pflicht, das von mehreren benutzte Wasser auszuschütten und den Holzzuber zu reinigen.

Antwort B

Das Baldreit, im Mittelalter eine Badeherberge (→ S. 75)

Die Stelzenvasen vor der Stiftskirche
(→ S. 26 und S. 69)

Tour 2

Für ältere Kinder: eine Tour mit besonders viel Stil!

Baustil-Runde

Häuser sehen oft sehr unterschiedlich aus – je nachdem, wann sie errichtet wurden. Das wirst du auf diesem Spaziergang durch das sogenannte Bäderviertel sehen. Auf engstem Raum kannst du hier viele verschiedene Baustile entdecken. Praktischer geht's nicht!

Touren-Länge: ca. 400 m

Für Kinderwagen: geeignet

Parkhäuser:
- *Vincentigarage (Mo–So: 24 h)*
- *Bädergarage (Mo–So: 7–22 Uhr)*

Unsere „Haltestationen":

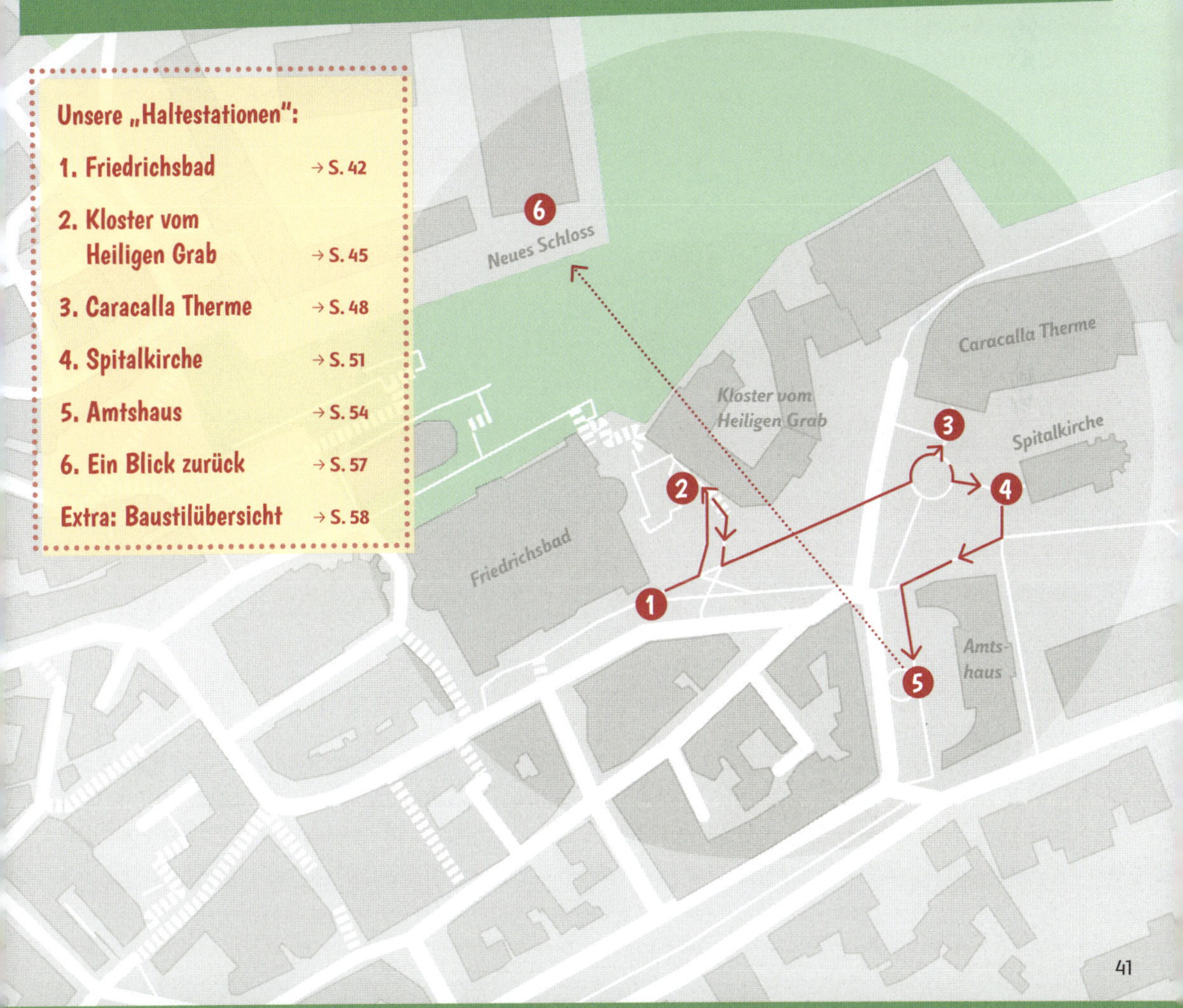

1. Friedrichsbad

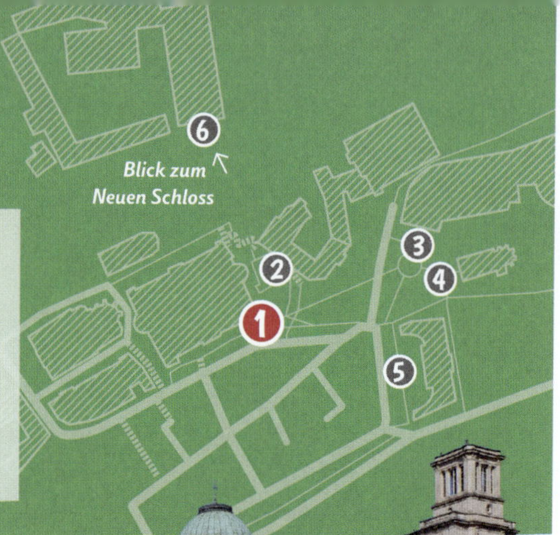

Vor etwa 150 Jahren brauchte Baden-Baden eine neue Attraktion. Deshalb entschloss man sich, hier das damals modernste Badehaus Europas zu bauen. Für Großherzog Friedrich I. war der Fall klar: Die Römer hatten einst die heißen Quellen in Baden-Baden entdeckt und die Stadt berühmt gemacht; die Römer würden auch jetzt Erfolg bringen.

Der neue Badetempel sollte daher „römisch-antik“ sein: in seiner Bauweise und in der Art, wie man darin badete. Das große Vorbild waren die ***Caracalla-Thermen in Rom***, erbaut ca. 206–216.

So könnte Caracallas Luxusbad im Alten Rom ausgesehen haben …

Friedrichsbad – Baden mit Stil

Ein Badevergnügen ohne Badekleidung – leider nur für Erwachsene ☹

Römerplatz 1

- *errichtet 1869–77*
- *Architekt: Carl Dernfeld*
- *Auftraggeber: Großherzog Friedrich I.*
- *Figurenprogramm der Fassade:* *siehe Wasser-Marsch S. 31*

Als das Friedrichsbad in Baden-Baden gebaut wurde, waren die Thermen in Rom bereits zu Ruinen zerfallen. Ihr Innenaufbau war aber – und ist bis heute – noch gut erkennbar.

Der Auftraggeber Friedrich I.

Aber wo gab's denn um 1860 römisch-antike Architektur? Ganz einfach: in Italien!

Das Äußere der Caracalla-Thermen in Rom war zerstört. Trotzdem wusste Großherzog Friedrich, wie römisch-antike Architektur aussah: In Italien hatte man gut 300 Jahre früher schon einmal wie die Römer gebaut – in der ***Renaissance***, was so viel heißt wie „Wiedergeburt".

!

Die Renaissance – antike römische Architektur „aus zweiter Hand"

Zwei Beispiele:

Der Petersdom in Rom
(erbaut 1506–1626)

Die Dom-Kuppel ist ein genialer Nachbau antiker Vorbilder. Die Kuppel vom Friedrichsbad ist ganz bewusst der vom Petersdom nachempfunden.

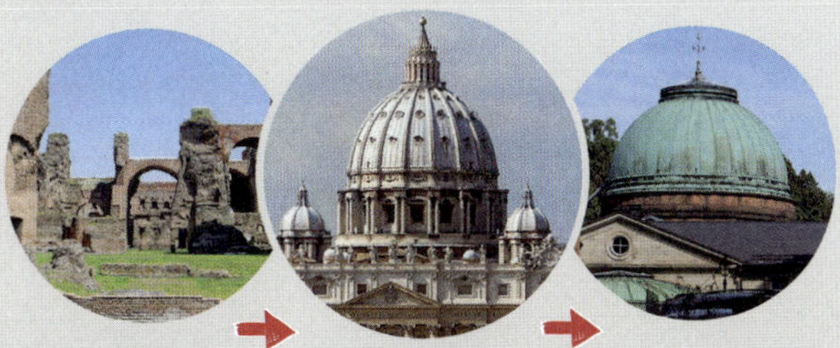

antike Caracalla-Thermen → **Petersdom** → *Friedrichsbad*

Der Palazzo Pompei in Verona
(erbaut ca. 1535–45)

... ist einer von vielen Renaissance-Palästen in Italien. Auch er hat die römische Antike zum Vorbild: Alles ist symmetrisch angelegt. Die Wände sind in klaren Formen aufgebaut und werden durch Säulen und Bogen gegliedert. Das Friedrichsbad hat vieles davon übernommen.

antike Caracalla-Thermen → **Palazzo Pompei** → *Friedrichsbad*

Und weil das Friedrichsbad genau diese Renaissance nachmacht, heißt der Baustil ***Neo-Renaissance***.

Ah, jetzt verstehe ich, warum das Friedrichsbad von außen aussieht wie ein Renaissance-Palast aus Italien!

Neo-Renaissance

Friedrichsbad, 1869–77

Gebäude in diesem Stil verwenden die rund 500 Jahre alten Bau- und Schmuckformen der Renaissance – sind aber selbst viel jünger. Damit man diesen Unterschied merkt, ist ein Neo (= neu) davorgesetzt.

ca. Mitte 19. Jhd.

Und so sieht's innen aus …

Innen siehst du im Friedrichsbad viele Säulen, Bögen und Statuen, eine große Kuppel sowie prächtige Wandfarben – auch das ahmt die römische Antike nach. Außerdem gibt es viele Wasserbecken mit unterschiedlichen Temperaturen und viele Räume, die unterschiedlich warm sind.

Das entspricht der besonderen Badeweise der Römer. Die hat der Architekt des Hauses, Carl Dernfeld, vor Baubeginn in Ungarn studiert. Hier hatten die Menschen die alte, antike Tradition des Badens über Jahrhunderte bewahrt.

Säulen und Bögen im Lesesaal …

… und im Badebereich unter der großen Kuppel.

Sogar die Verzierungen sehen römisch aus.

Tipp

Wie die Römer gebadet haben, erfährst du auf S. 20.

Weiter geht's zu dem großen, weißen Gebäude mit dem verschnörkelten Giebel …

2. Kloster vom Heiligen Grab

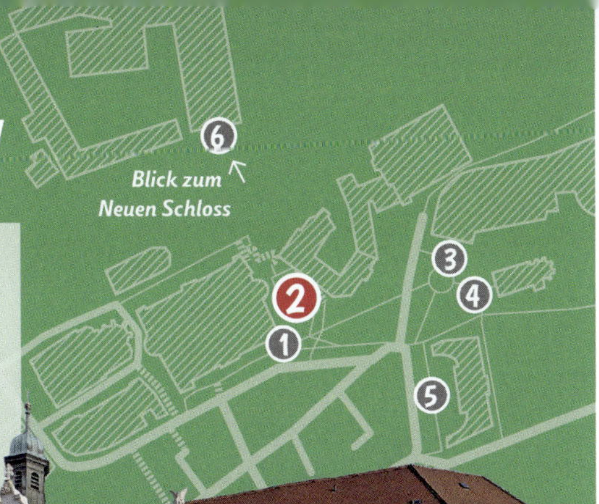

Mehr Bildung für Mädchen! Das haben sich die „Klosterfrauen vom Heiligen Grab“ auf ihre Fahne geschrieben. Sie wurden um 1670 nach Baden-Baden gerufen und unterrichteten nur Mädchen. Das war etwas Besonderes: Viele Mädchen mussten zu dieser Zeit nämlich im Haus oder Geschäft helfen. Sie durften nicht zur Schule gehen!

Kloster vom Heiligen Grab – alte Kirche, neuer Barock

Katholisches Gymnasium für Jungen und Mädchen

Römerplatz 9

- *Ort einer alten Badeherberge, die für den Klosterbau abgerissen wurde*
- *erster Klosterbau 1689 zerstört, nur die Kirche blieb erhalten*
- *Neubau 1698 als Kloster mit Schulbetrieb*
- *Umbau und Barockisierung der Fassade 1895*
- *das Kloster schloss 2001*

„Willst du segnen, lehr ein Kind“
Kannst du diesen Spruch entdecken? Er steht über dem alten Haupteingang zur Klosterschule.

Apropos Bildung:
Der linke Gebäudeteil mit dem hohen Treppenaufgang ist die Klosterkirche.
Ganz oben im Giebel findest du eine viereckige Fläche mit einem „Bild“:

QUIZ?

Erkennst du, welche Szene in dem Bild dargestellt ist?

Die Auferstehung Christi

Das Bild ist sozusagen die in Stein gemeißelte Visitenkarte der Nonnen „vom Heiligen Grab“, die einst hier gelebt haben.

Und zu welchem Baustil gehört das Gebäude? Lass uns nach Hinweisen suchen …

Jeder Baustil hat typische Erkennungszeichen …

... zum Beispiel: die Rustika.
So nennt man den ***Rahmen um das Portal*** der Klosterkirche – mit ***großen Steinen*** und ***dicken Fugen***. Man findet sie oft an Bauwerken aus dem 17. Jahrhundert.

Zeichne die Fugen rund um die Tür ein – und du erhältst eine stilechte Rustika-Rahmung.

Ochsenauge

Ein kreisrundes oder ovales Fenster, das meist dekorativ über großen Eingangstüren (= Portalen) oder im Giebelbereich eingesetzt wird.

Baustil: Barock
ca. 1650–1780

... oder: das Ochsenauge.
Es sitzt über dem Portal zwischen den zwei großen Fenstern! Siehst du es?

QUIZ?

Wie viele Ochsenaugen hat das Gebäude auf dieser Seite?

zwei

Du kennst jetzt Begriffe wie Rustika oder Ochsenauge. Zu welchem Baustil gehören sie?

B ___ ___ ___ ___ ___

Die Stilepoche „Barock“ dauerte etwa von 1650 bis 1780. Aber auch 1895 fand man diesen Baustil noch so schön, dass man die Kirche und das Klostergebäude barocker als vorher machen wollte.

Dem Gebäude fügte man deshalb weitere Stilelemente aus der Zeit des Barock neu hinzu.

Vergleiche die alte Postkarte rechts mit der Ansicht von heute: Kannst du die Veränderungen an der Fassade erkennen?

Von der Badeherberge zum Gymnasium

Im Innenhof des Gebäudes steht seit 450 Jahren ein alter Löwen-Brunnen. Er erinnert daran, dass hier früher eine sehr vornehme Badeherberge stand: „Zum Ungemach“. Heute ist dort ein Gymnasium.

Ungemach!? Das bedeutet Übel, Ärgernis

Auf zur nächsten Station: Wir machen einen Ausflug in die Moderne ...

Mit dem Bau dieses Klosters ist die große Zeit des Wassers und der Badeherbergen in Baden-Baden erstmal vorbei. Die Markgrafen setzen nun auf die Wirkung der Religion!

3. Caracalla Therme

Eine moderne Therme in historischer Umgebung! Dieser Bau verbindet Alt und Neu, denn wir können die römische Bade- und Bädertradition in einem modernen Freizeitbad neu erleben. Wie bei den Römern gibt es unterschiedlich warme Becken und Wasseranwendungen. Für modernen Spaß sorgen Whirlpool, Strömungskanal, Restaurant und Co.

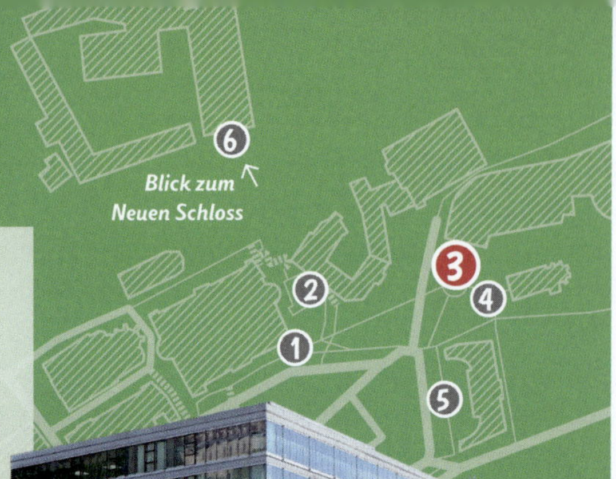

Alt? Da gibt es vieles, das mich an die Römerzeit erinnert …

Die Kniende
(Ludwig Kasper, 1944)

… zum Beispiel:

- die vier weißen Säulen, auf denen ein seitlich „abgebrochener" Balken (= Architrav) liegt,
- der Rundbau mit seiner Kuppel, getragen von vielen Säulen,
- die Kniende – „ohne Arme" ähnelt die Skulptur einem Ausgrabungsstück aus der Antike.

Caracalla Therme – Baden in Moderne

Thermal-Freizeitbad auf 3.600 m² mit ca. 900 m² Wasserfläche, Saunalandschaft und Wellnesslounge

Römerplatz 1

- *geöffnet täglich 8–22 Uhr*
- *Kinder unter 7 Jahren nicht gestattet*
- *Kinder von 7 bis 14 Jahren nur in Begleitung Erwachsener*

- *Nachfolgebau des ehemaligen Kurmittelhauses*
- *Fertigstellung: 1983–85*
- *Architekt: Hans-Dieter Hecker*

QUIZ?

Wie fühlt sich das Wasser im runden Becken vor dem Eingang an?

Wie schon zur Römerzeit: warm!

Säulen nach antikem Vorbild

Die Säulen auf dem Platz und am Gebäude sind natürlich nicht antik, sondern nach antikem Vorbild gemacht. Sie sind aus weißem Stahlbeton. Das hält die nächsten 2.000 Jahre ...

Echte antike Säulen sehen so aus:

dorische Säule *ionische Säule* *korinthische Säule*

Säulen? Die begegnen dir in Baden-Baden häufiger ...

Moderne

Caracalla Therme, 1983–85

Moderne Architektur nutzt die ***Skelett-Bauweise***. Dabei wird der Rohbau aus einzelnen Stahlstützen und -trägern errichtet. In dieses „Gerippe" werden Decken und Wände eingefügt.

„Skelett" aus Stützen und Trägern

Erst im Anschluss erhält der Bau seine Fassade. Hier: viele Glasfenster, die großflächig und in „Streifen" um das Gebäude verlaufen.

ab ca. 1950

Alt und neu, rund und eckig

Durch und durch modern ist die Bauweise des Gebäudes aus ***Stahlbeton*** und ***Glas***. Das sind Werkstoffe unserer Zeit.

Der Architekt der Caracalla Therme schaffte aber noch mehr: Er übernahm den alten Viereck-Bau aus den 60er-Jahren *(Mitte)* und legte einen Rundbau mit runden Außenbecken davor.
Das ist auch eine Verbindung von Alt und Neu. Und bewusster Gegensatz von Rund und Eckig. In jedem Fall einen Besuch wert! Vor allem, wenn du einmal unter einer riesigen Kuppel schwimmen willst.

Caracalla – vom Kapuzenmantel zur Therme

Wusstest du, dass ein Caracalla ursprünglich ein kurzer Umhang mit Kapuze war, den bereits Gallier und Germanen trugen?

Dieser Kurzmantel wurde zum ultimativen Markenzeichen für den römischen Kaiser Marcus Aurelius Severus Antoninus (→ *Steckbrief S. 29*). Der hatte den Mantel nämlich neu für sich entdeckt. Er trug ihn modebewusst jetzt knöchellang, eng anliegend und mit seitlichen Schlitzen. Und weil er ihn fast nur noch trug, hatte der Kaiser schon bald seinen Spitznamen weg: Caracalla – der Kapuzenmantel-Kaiser.

Und wieso trägt die Therme den Namen Caracalla?
Caracalla – also der römische Kaiser – gilt als der ***Bäderkönig***, der in Rom die luxuriösen ***Caracalla-Thermen*** (→ *S. 42*) gestiftet hat: einen gigantischen Badepalast mit der damals größten Kuppel der Welt. Er war aber auch ein brutaler Gewaltherrscher, der an der Macht bleiben wollte und deshalb seinen Bruder und dessen Anhänger tötete – ca. 20.000 Menschen.

!

Die antiken Caracalla-Thermen in Rom

Kuppel-Durchmesser:
- **35 m**

Das entspricht der Glaskuppel über dem Reichstag in Berlin.

Gesamtfläche mit Garten:
- **110.500 m²**

Das entspricht 15 Fußballfeldern.

Hättest du die Therme in Baden-Baden nach Caracalla benannt? Oder hättest du einen anderen Namen vergeben?

....

....

....

Die kleine Kirche neben der Therme ist unsere nächste Haltestation …

4. Spitalkirche

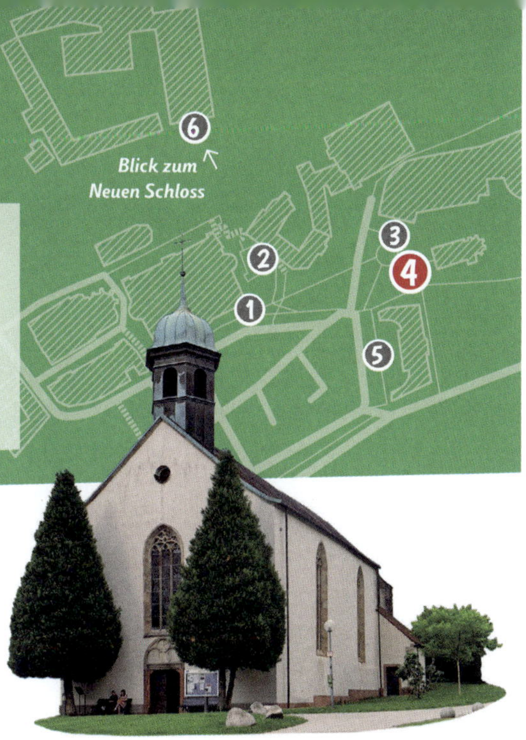

Die Spitalkirche wurde als „Krankenhauskirche" um 1470 erbaut; das ist die Zeit des gotischen Baustils. Im Lauf der Zeit wurde die Kirche stark verändert. Der ursprüngliche Turm ist zum Beispiel nicht mehr erhalten, dafür hat sie einen neuen bekommen. Auch ist sie heute 7 Meter kürzer als damals.

Spitalkirche – Gotik oder was davon übrig blieb

Heute ist sie die Kirche der altkatholischen Gemeinde in Baden-Baden

Römerplatz 13

- *errichtet 1468–78, Chorgestühl von Hans Kern (1512)*
- *1950er-Jahre: Fenster aus farbigem Antikglas von Henry McLean*
- *1963–66 umfassende Umbaumaßnahmen*

Im Original erhalten sind die großen Fensteröffnungen. Sie sind ein sicheres Merkmal, wenn's um Baustil-Bestimmung geht!

QUIZ?

Maßwerk bedeutet „gemessenes Werk". Mit welchem Zeichengerät wurde es entworfen und auf Stein übertragen?

mit dem Zirkel

!

Maßwerkfenster

Hohe, spitz zulaufende Fenster, die mit kunstvollen Lochformen verziert sind. Das Maßwerk (= Lochform) macht das Fenster stabil. Es kann den Druckkräften so besser standhalten.

Baustil: Gotik
ca. 1240–1500

Wie sieht das runde Feld direkt oberhalb der Kirchentür aus?

Versuche, die Linien-Form in das Bild hier einzuzeichnen!

Sieht aus wie ein Kleeblatt, oder?
Daher heißt dieses Element ***Kleeblattbogen****.*

Tipp

Wertvolles im Innenraum

Die hölzernen Sitzreihen im Altarraum der Kirche sind reich mit Schnitzereien verziert. Sie sind über 500 Jahre alt und vollständig erhalten!

Echt kurios:
Unter der Spitalkirche befindet sich die Bädergarage. Die Autoabgase werden über ein Rohrsystem ins Freie geleitet – und zwar durch den Kirchturm!

Rechts neben der Spitalkirche führt ein Weg hinauf zu einer ***Figurengruppe***. Sie zeigt Christus – kurz vor seiner Gefangennahme – mit den schlafenden Jüngern am Ölberg. Dahinter schließt sich eine ***große grüne Wiese*** an.

QUIZ?

Frage: Was, glaubst du, war die Wiese hinter dieser Figurengruppe früher?

Ein Fußballfeld ☐
Ein Friedhof ☐
Eine Töpferei ☐

Die Ölberggruppe gehörte einst zum Stadtfriedhof. Sie blieb stehen, als dieser verlegt wurde.

Das Bild zeigt, wie es hier vor knapp 400 Jahren ausgesehen hat: Du siehst, dass die Spitalkirche, das Krankenhaus (dahinter) und der Friedhof von einer eigenen Mauer umgeben sind.
Kannst du dir vorstellen, warum es so einen geschlossenen Bereich außerhalb der Stadtmauer gab? Man hatte Angst vor Ansteckung. Daher wurde alles, was mit Krankheit und Tod zu tun hatte, von der Stadtgemeinschaft ausgeschlossen.

Als der Friedhof viele Jahrhunderte später verlegt wurde (übrigens wieder in einen Außenbezirk der Stadt), blieben nur die Ölberggruppe und das riesige Friedhofskreuz des Niklaus Gerhaert van Leyden stehen. Das Kreuz wurde später in die Stiftskirche gebracht *(→ S. 71)*, wo es vor Umwelteinflüssen geschützt ist.

Tipp

Lust auf einen kleinen Abstecher?

Neben der Spitalkirche führt die Seufzerallee hinauf zum Rotenbachsee (nur 5 Minuten zu Fuß). Dort kannst du am Wasser spielen oder die Statue des Schriftstellers Dostojewski besuchen (→ Foto S. 60). Der Paracelsus-Rundweg führt gemütlich zurück zum Römerplatz. Oder hinauf zum Hungerberg, wo du eine tolle Aussicht hast und etwas essen kannst (Waldschänke).

Und nun nur ein paar Schritte weiter zu unserer letzten Station …

5. Amtshaus

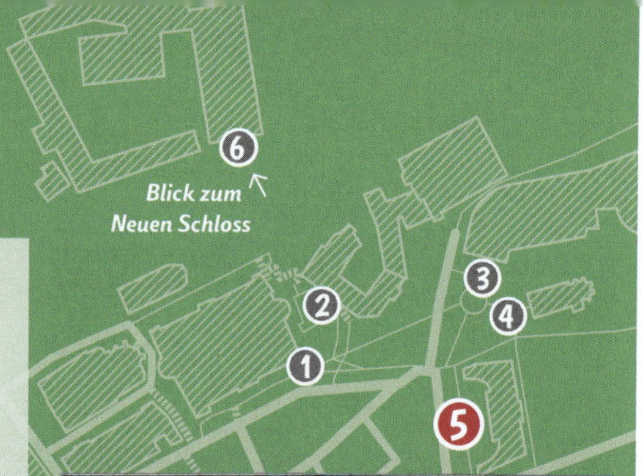

Um zu erkennen, für welchen Zweck ein Haus gebaut wurde, muss man manchmal Detektiv spielen. Denn wer genau hinschaut, findet Hinweise: Inschriften an der Fassade, die Form des Gebäudes oder der Bauschmuck können dir so einiges verraten. Was es bei diesem Haus wohl zu entdecken gibt?

Hier ist es der Bauschmuck. Genauer gesagt die beiden Frauenfiguren rechts und links des Haupteingangs.

**Was halten sie in den Händen?
Streich durch, was nicht passt!**

Amtshaus – wie baut man Sicherheit?

Sophienstraße 47

- *errichtet 1842/43*
- *Architekt: Friedrich Theodor Fischer, Skulpturen von Franz Xaver Reich*
- *Funktion: Großherzogliches Bezirksamt (staatliches Verwaltungs- und Justizgebäude), 1924–71 Polizeidirektion, seit 2008 Ärztehaus*

Kannst du erkennen, was die beiden Damen in den Händen halten?

Die linke Figur hält Waage und Schwert – beides Symbole für Gerechtigkeit (auf Latein *iustitia*).

Die Statue rechts trägt ein aufgeschlagenes Buch und einen Stab mit Schwurhand – das steht für das geschriebene und das angewandte Gesetz (auf Latein *lex*).

Und was sagt uns das? Schauen wir uns die Gegenstände und ihre Bedeutung an:

- **Waage:** Mit ihrer Hilfe wird bei einem Streit die Sachlage abgewogen.
- **Buch:** In ihm steht das Gesetz und damit wird entschieden, wer recht hat.
- **Richtschwert:** Wenn nötig, wird das Urteil mit dem Schwert, also mit Gewalt, durchgesetzt.
- **Schwurhand:** Mit der rechten Hand muss jeder schwören, dass er die Wahrheit sagt.

Die Damen „iustitia" und „lex" rahmen also den Haupteingang eines Gebäudes, in dem Recht und Gerechtigkeit regieren sollen.

Ein passender Baustil muss her

Die Frage nach dem richtigen Baustil stellten sich viele Architekten im 19. Jahrhundert. Auch der Architekt unseres Hauses, Friedrich Theodor Fischer. Er sollte ein Haus bauen, in dem „regiert" und Recht gesprochen wird. Aber wie?

Es gab in der Architektur keine passenden Vorbilder für ein solches Haus. Was tun?

Da hat unser Architekt eine Idee: Er vermischt die Epochen der ***Romanik*** und der ***Renaissance*** miteinander. Die wuchtigen Formelemente der Romanik sollen Stärke und Stabilität ausstrahlen, mit denen der Renaissance will er zeigen, dass Gerechtigkeit ganz wichtig ist, denn im Zeitalter der Renaissance wurde unsere moderne Rechtsprechung „erfunden".

Diese ***Stil-Mischung*** ist für den Architekten also die perfekte Lösung: Der Bürger kann sofort erkennen, dass von diesem Gebäude Recht und Gerechtigkeit ausgehen und damit Stabilität und Sicherheit herrschen. Im Haus wie im Stadtkreis.

Du siehst, bei Bauwerken ist fast alles mit einer Idee und einer Aussage verbunden.

Alte Baustile mit perfekten Eigenschaften für ein Amtshaus:

Romanik → Stärke, Sicherheit

Beispiel: Münster Schwarzach

Renaissance → Gerechtigkeit

Beispiel: Palazzo Strozzi, Florenz

Die vielen Rundfenster im Amtshaus sind also nicht nur Schmuck, sondern auch Erinnerung an die alten Baustile und ihre Eigenschaften.

Wegen der vielen runden Bögen heißt dieser neue Stil: ***Rundbogenstil***.

Rundbogenstil

Amtshaus, 1842/43

Dieser Stil übernimmt die „runden" Bauformen, wie sie z. B. bei romanischen Kirchen oder bei italienischen Renaissance-Palästen vorkommen. Typisch sind rundbogige Fenster und schlichte, streng geordnete Fassaden. Mit diesem „äußeren" Rückgriff sollen auch die „inneren Werte" der Vergangenheit zum Ausdruck gebracht werden (z.B. Sicherheit).

ca. Mitte 19. Jhd.

Fratzen zur Abschreckung ...

... oder als Zeichen von Stärke und Wachsamkeit? Wer mag, darf in dem Adler-Löwen-Kopf das Wappentier Badens sehen, den Badischen Greif (z. B. an den Seitentüren).

6. Ein Blick zurück

Wenn du in Richtung Friedrichsbad und Kloster zurück blickst, kannst du diesen Gebäudeteil entdecken!

Das ist der Giebel vom ***Neuen Schloss*** (→ S. 66).

QUIZ?

Finde heraus, aus welcher Zeit das Gebäude stammt! Schau mal auf die nächste Seite. Die Schnecke hilft dir dabei ...

R _ _ _ _ _ _ _ _ _ _

Renaissance

Auf der nächsten Seite findest du eine Übersicht über alle Baustile, die du auf unserer Runde kennengelernt hast.

Jetzt haben wir dir viele Baustile gezeigt!
Auf den Karten siehst du diese Stile noch einmal im Überblick – und natürlich die Gebäude dieser Tour.

Antike

Klassische Säulenordnung

....

ca. 7. Jhd. v. Chr. – 4. Jhd. n. Chr.

Gotik

Maßwerkfenster

....

ca. 1240–1500

Das Schneckenhaus ist Vorbild für die Gestaltung des „eingerollten“ Elements am Giebel: den ***Volutengiebel***. Er ist typisch für die Renaissance.

Renaissance

Volutengiebel

....

ca. 1500–1650

Barock

Rustika, Ochsenauge

ca. 1650–1780

Neo-Renaissance

Bau- und Schmuckformen der Renaissance

ca. Mitte 19. Jhd.

Rundbogenstil

Bau- und Schmuckformen der Romanik und Renaissance

ca. Mitte 19. Jhd.

Moderne

Skelett-Bauweise, große verglaste Flächen

ab ca. 1950

Der Rotenbachsee mit Dostojewski-Denkmal
(→ Ausflugtipp von S. 53)

Tour 3

Staffel(n)-Lauf

Auf dieser Tour bist du als Detektiv gefordert: Viele Dinge, die aus der Vergangenheit stammen und von alten Zeiten erzählen, sind heute verdeckt. Du kannst sie entdecken, wenn du genau hinschaust und nachfragst. Dabei geht's treppauf und treppab – und quer durch die Epochen, die für Baden-Baden von Bedeutung sind.

Touren-Länge: ca. 1,2 km

Für Kinderwagen: nicht geeignet

Parkhaus:
- *Wagener Galerie (Mo–So: 24 h)*

Hinweis: Von Parkdeck 3 gelangst du direkt zu den Burgstaffeln und kannst dort die Tour beginnen.

Unsere „Haltestationen":

1. Lange Straße

Lange Straße

Fußgängerzone, Beginn bei Hausnummer 44

Vor Hausnummer 36 geht's die steilen ***Burgstaffeln*** *hinauf bis ganz nach oben zum Schlossberg.*

Die Lange Straße ist wirklich lang! Der Teil, der früher als alte Hauptstraße in und durch die Stadt führte, ist heute Fußgängerzone. Sie zeigt das moderne Baden-Baden mit seinen schicken Geschäften und Cafés. Da kannst du viele Schaufenster bestaunen – und manchmal auch die Preise.

Schon die Römer haben die Lange Straße als Handelsweg benutzt. Später, im Mittelalter, gab es hier viele Geschäfte und Handwerksbetriebe. Auch unsere Groß- und Urgroßeltern haben hier vieles ver- und eingekauft. Sieh dir nur die hohen Häuser mit den prächtigen Fassaden an! Man hat sich und seine Ware schon immer gern von der besten Seite präsentiert.

Im oberen Abschnitt, beim Freiluft-Schachspiel, siehst du überall wuchtige Steine im dicken Mauerwerk.

Was sind das für Steine und Mauern?

Sie gehörten zur ***mittelalterlichen Stadtmauer.*** Diese schützte Einwohner und Kurgäste, seit Baden-Baden eine Stadt ist (etwa seit 1250). Du läufst also geradewegs neben der alten Stadtbefestigung hoch – bis zum …

2. Obertorbrunnen

Obertorbrunnen

- *1783 errichtet zur Wasserversorgung der Oberstadt*

Willkommen in der ***Oberstadt***! Hier kannst du erstmal ausruhen und die grandiose Aussicht genießen. Früher (bis 1823) stand hier das Obere Tor – daher Obertorbrunnen. Du stehst also am Eingang zur Oberen Stadt. Das war das „Regierungsviertel", als im Schloss noch die Markgrafen regierten.

Im 19. Jahrhundert lebten in der Oberstadt sehr viele Künstler. Heute ist der ganze Bereich ein „Schulberg": Fast alle Häuser gehören zu einer privaten Ganztags- und Internatsschule.

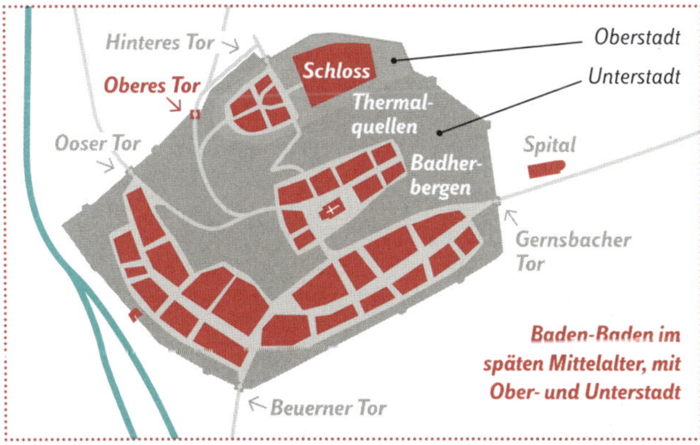

Baden-Baden im späten Mittelalter, mit Ober- und Unterstadt

Siehst du hier die Inschrift?
Dann kannst du lesen, welchen Beruf der Brunnen-Stifter Peter Nagel hatte …

St(ädtischer) Bürgermeister mit „ö"

… und weißt du auch, von welcher Stadt?
Die Antwort gibt dir das Stadtwappen oberhalb der Inschrift.

Baden-Baden

Das Stadtwappen wurde schon früh als „Erkennungszeichen" verwendet. Und zwar ein Haus weiter unten …

3. Neue Kanzlei

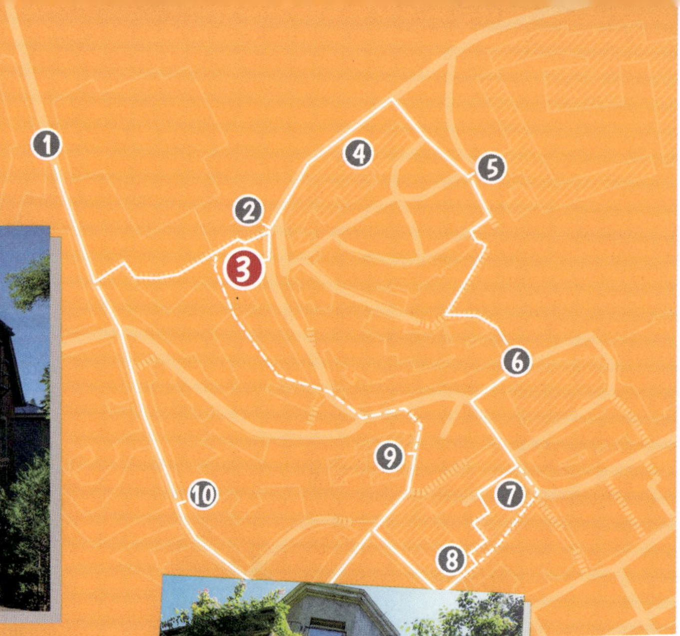

Die CANTZLEY

Neue Kanzlei

- *Schlossstraße 15*
- *nach 1689 auf Fundamenten des 14. und 16. Jhds. wieder aufgebaut*
- *die untere Turmhälfte (auf der Rückseite des Hauses) ist der älteste Gebäudeteil. Auf dem Rückweg (Variante A) kommst du direkt daran vorbei*

In diesem Haus wurden alle ***offiziellen Schreiben*** verfasst und mit dem Stadtwappen besiegelt. Briefe und Urkunden waren damit rechtswirksam.

Die Schlossstraße führt weiter hinauf …

Findest du das Haus, zu dem dieser Balkon gehört?

4. Haus Gimbel

Haus Gimbel

Schlossstraße 18

- *um 1860 aufwendig gestaltete Neorenaissance-Fassade mit schmiedeeisernem Säulenbalkon*

So ein prächtiges Haus? Hier oben an dieser Stelle? Ja! Denn hier ging der ***Hochadel*** ein und aus und kaufte teuer ein, was in Paris schon längst Mode war: **Den** ___ ___ ___ ___ ___ ___

Fächer

Den hatten die Maler-Brüder Karl und Georg Gimbel mitgebracht, als sie um 1860 von Paris hierher gezogen waren. Die beiden waren für ihre kleinen Kunstwerke auf der ganzen Welt bekannt. Fächer waren jetzt ein Statussymbol – sozusagen ein „must have" jeder Frau.

Faltfächer, gemalt von den Gimbels

Den Gimbels war der Andrang manchmal doch zu groß! Sie hängten kurzerhand dieses Schild vor die Tür:

!

Der Stadtbrand vom 24. August 1689

Er hat die komplette Stadt ausgelöscht. Im Pfälzischen Erbfolgekrieg plünderten die Franzosen die Stadt und setzten sie anschließend in Brand.
Die Einwohner waren größtenteils geflohen und kehrten erst später in die verwüstete Stadt zurück. Der Wiederaufbau dauerte richtig lang: Erst 5 Jahre nach der Katastrophe fand z.B. wieder ein Jahrmarkt statt; und selbst nach 10 Jahren waren 98 % aller Grundstücke noch immer verlassen. Verlassen wurde auch das nächste Haus auf unserer Tour ...

Weiter geht's zum Schloss ...

5. Neues Schloss

Natürlich gab's hier auch ein Schloss-Gespenst (🔊 S. 150).

NEUES SCHLOSS,
BURG HOHENBADEN,
SCHLOSS HOHENBADEN,
ALTES SCHLOSS ...

Welche Bezeichnung stimmt denn jetzt?

Neues Schloss

Schlossstraße 22

Das ***Alte Schloss*** ist die heutige ***Burgruine Hohenbaden*** (auch Schloss Hohenbaden genannt, etwas außerhalb der Stadt, → *S. 130*). Das war lange Zeit der erste Wohnsitz der Markgrafen von Baden. Bis Markgraf Christoph I. kam: Er baute ab 1479 das ***Neue Schloss*** in der Stadt.

Warum ein Neues Schloss? Vielleicht war das Alte Schloss vor der Stadt wirklich zu alt (es war immerhin schon 300 Jahre alt), vielleicht war es aber auch nur zu weit weg. Mit einem modernen Neubau direkt über der Stadt konnte Markgraf Christoph I. jedenfalls zeigen, dass er jemand Besonderes war. Er machte sein Schloss zum Regierungssitz und seine Stadt damit zur „Hauptstadt" seines Landes.

Tipp

Leider ist das Schloss nicht zu besichtigen. Du kannst aber auf der Aussichtsterrasse Platz nehmen und auf „deine Ländereien" herabsehen.

Wissenswertes

- ***Kavalierbau*** *1709 erbaut auf den Fundamenten des alten Palas aus der Zeit Christophs I.*
- ***Hauptgebäude*** *von Caspar Weinhart aus München im Stil der Renaissance 1573–1575 errichtet. Aus dieser Zeit stammen noch das Hauptportal und der Treppenturm*
- ***das Prunkbad*** *von 1660 ist Teil der originalen Innenausstattung*
- *im 19. Jhd. wird das Gebäude im Stil der Renaissance renoviert*
- *2003 verkauft die badische Markgrafenfamilie das Schloss*

Das Neue Schloss war seit 1479 der Stammsitz der Markgrafen von Baden … bis der Stadtbrand 1689 auch dieses Anwesen zerstörte (→ ! *Infokasten S. 65*). Darüber freute sich nur einer: Markgraf Ludwig Wilhelm, der Türkenlouis!

Markgraf Ludwig Wilhelm

Denn jetzt konnte er sich endlich seinen Traum erfüllen: ein modernes Schloss mit großem Garten – so, wie es sein Patenonkel Ludwig XIV. in Versailles besaß.

Im nahen Rastatt fand der Markgraf genug flaches Land. Daher entstand dort ein riesiges Schloss, das der neue Regierungssitz wurde (→ *S. 137*). Das Neue Schloss in Baden-Baden begann zu verfallen. Es wurde erst im 19. Jahrhundert wieder bewohnbar und war dann die Sommerresidenz, in der viele adelige Gäste wohnten – bis es die badische Markgrafenfamilie 2003 verkaufte: Sie besaß einfach (zu) viele Schlösser.

STECKBRIEF „Türkenlouis" (1655–1707)

Name: *Ludwig Wilhelm*
Spitzname: *Türkenlouis*
Besonderes Kennzeichen: *Rote Jacke*
Beruf: *Markgraf von Baden, Chef aller kaiserlichen Truppen*

Das hasse ich:
1. Die Osmanen. Sie glauben, sie könnten einfach unser Abendland einnehmen.
2. Meinen Patenonkel und Namensgeber, Ludwig XIV! Von wegen Sonnenkönig: Er zerstört 1689 mein Baden-Baden – nicht sehr nett. Außerdem hat er in Versailles ein riesiges Schloss – das will ich auch haben.

Das liebe ich: *Tüfteln, strategische Spiele*

Mein Talent: *Ich bin unbesiegbar!*

Traumatische Erinnerung: *Meine Mutter wollte nach meiner Geburt nicht von Paris ins „neblige und kalte Germanien" ziehen. Ich bin daher mit meinem Vater allein in Baden-Baden großgeworden … ohne Geschwister … und musste sechs Sprachen lernen.*

Mein schönstes Erlebnis: *Ich habe mich über alle Vorschriften hinweggesetzt, als es um meine Hochzeit ging. Ich habe nämlich nicht aus Taktik, sondern aus Liebe geheiratet! Die 20 Jahre jüngere, 14-jährige Sybilla Augusta. Und das so schnell, dass die Hochzeitsgewänder für meine Braut nicht mehr rechtzeitig aus Paris eingetroffen sind.*

Hobby: *Verkleiden. Ich und meine Sybilla treten auf Maskenbällen gern als türkisches Sklavenpaar auf.*

Das bin ich: *Schlau, ehrgeizig, mutig und attraktiv. Angeblich auch überheblich …*

Bevor du weiterläufst: Sieh noch mal hinunter auf den Marktplatz! Erkennst du die schwarzen Linien aus Pflastersteinen?

Sind das die Begrenzungslinien von
A) einem Klassenzimmer im Freien?
B) der städtischen Freilichtbühne?
C) den alten Kaiserthermen?

Antwort C ist richtig!

Diese schwarzen Linien führen uns zurück in die Zeit, als die Römer in Baden-Baden lebten. Die Linien sind nämlich die Umrisse des ***römischen Kaiserbads*** (→ *S. 28*). Das liegt heute unter der Erde. Es ist teilweise durch die Stiftskirche überbaut.

*Über die **Schlossstaffeln** geht's hinunter zu Marktplatz und Stiftskirche.*

6. Stiftskirche

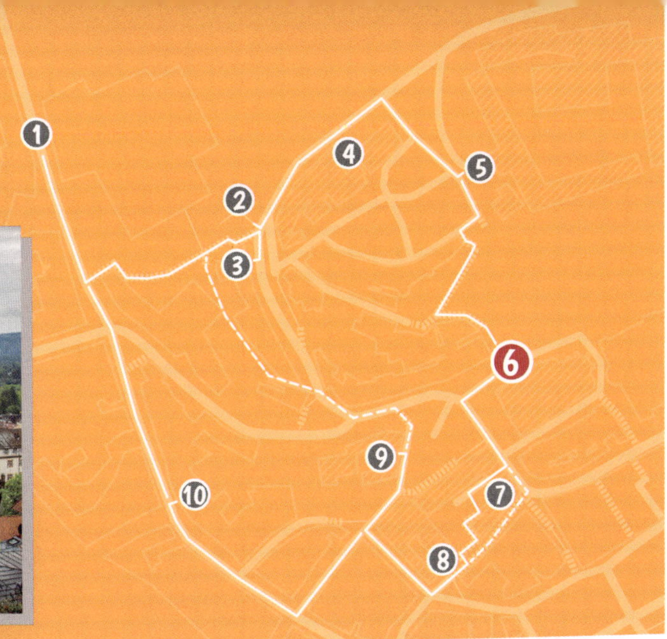

Stiftskirche

Marktplatz 15

- *im romanischen Stil erbaut (bezeugt ab 987)*
- *Mitte 15. Jhd. An- und Umbauten im spätgotischen Stil*
- *sehenswert im Innern: Sakramentshäuschen (um 1490), Kruzifix des Niklaus Gerhaert von Leyden (1467), verschiedene Grabmäler der Markgrafen*

Jede Kirche hat mindestens einen Schutzheiligen. Nach ihm ist oft auch das Gebäude benannt. Klar, dass so ein Heiliger auch draußen an „oberster Stelle" der Kirche zu finden ist.

Kannst du diese Figur mit dem Schlüssel in der Hand entdecken? Bei Sonnenschein glänzt sie golden.

Auf der Kirchturmspitze

Es ist Petrus, der die „Schlüssel zum Himmel" bekam, um den Menschen den Weg „ins Königreich Gottes" aufzuschließen.

Wo ***Petrus*** (Peter) ist, ist auch ***Paulus*** (Paul) nicht weit, denn sie stehen beide am gleichen Tag im Heiligenkalender (29. Juni).

Am prominenten Hauptportal im Westen findest du sie vereint – die drei Schutzpatrone der Kirche: Petrus mit dem Schlüssel, Paulus auf ein Schwert gestützt und in ihrer Mitte ***Maria mit dem Jesuskind*** auf dem Arm.

Im Innern der Kirche gibt es zwei Dinge, die mir besonders gut gefallen. Die zeige ich dir jetzt.

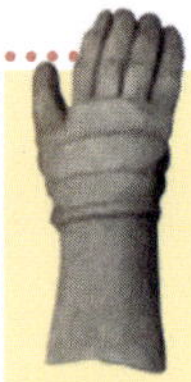

Findest du diese Hand?

Das ist ein Rüstungshandschuh. Mit dem Helm davor gehört er zur ***Uniform*** des Türkenlouis. So etwas nennt man auch „sprechende“ Dekoration.

Rechts, zu Füßen des Markgrafen

Grablege Margraf Ludwig Wilhelms (1655–1707), genannt Türkenlouis

rechte Seitenwand des Chorraums

Richtig! Hier liegt Markgraf Ludwig Wilhelm begraben. Lebensgroß steht er auf dem Sarg mit seinen Gebeinen.

Bescheidenheit sieht anders aus! Im Festgewand und Siegerpose sieht der Markgraf seiner Aufnahme in den Himmel entgegen. Dafür gibt's auch allen Grund: Viele Male nämlich hat er das christliche Abendland vor der Eroberung durch die „finsteren Heiden“ bewahrt: Er hat die angreifenden Osmanen (Türken) zurückgedrängt, zu Sklaven gemacht oder in Ketten gelegt. Von diesem militärischen Erfolg erzählen auch die Pauken, Kanonenrohre und -kugeln aus Gips (*siehe Bildausschnitte*). Für die geistigen Stärken des Feldherrn stehen die drei Frauenfiguren, welche Tapferkeit (links), Gerechtigkeit (rechts) und Weisheit (über ihm) symbolisieren.

Doch der Tod – der ist nicht besiegbar: Totenköpfe und Gerippe kriechen überall hervor. Das musste auch der arme Bildhauer dieser Grablege erfahren: Er stürzte während der Arbeit vom Gerüst ... und starb.

Bescheidenheit geht anders!

Zur Ehrenrettung des Verstorbenen muss man sagen, dass sein Sohn dieses Grabmal in Auftrag gegeben hat (1753): „aus Sohnesliebe und zur Verherrlichung der väterlichen Kriegstaten“.

Kruzifix des Niklaus Gerhaert von Leyden

Chorraum

Dieses Kunstwerk ist mindestens viermal so groß wie du: 6,40 Meter. Und es ist noch nicht einmal aus Einzelstücken zusammengesetzt: Kreuz und Körper sind aus einem einzigen (!) Steinblock gehauen. Das ist wirklich „große" Kunst! Vor allem wenn du dir den aufgebauschten Lendenschurz anschaust. Ein Wunder, dass er nicht beschädigt wurde, als das Kreuz von Straßburg (wo es gefertigt wurde) nach Baden-Baden transportiert wurde.

Ist dir aufgefallen, wie naturnah die Holzmaserung im Stein nachgemacht ist und dass das „Holz" an den Balkenenden sogar aufsplittert? Oder wie „echt" Körper und Gesicht gearbeitet sind? Gerade dafür ist das Kreuz sehr bekannt.

Woher weiß man überhaupt, wer das Kreuz gemacht hat – und vor allem wann?
Auf der Rückseite des Sockels findest du Jahreszahl und Künstlersignatur:

- oben das Jahr: 1467
- unten den Namen: niclavs von leyen = Niklaus von Ley(d)en

Die 4 ist eine halbe 8:
4 → 8

Die 7 „liegt" und wird so nicht mit der 1 verwechselt:
7 → ^

1 4 6 7

Beim Hinausgehen vergiss nicht, einen Blick auf den ***Hl. Christophorus*** zu werfen (am Turmpfeiler beim südlichen Seiteneingang).

Dann wird dich der Heilige – so der Brauch – heute vor allem Unglück bewahren.

Gegenüber vom Hauptportal der Kirche (mit den Schutzheiligen!) liegt direkt das Eingangstor zum Rathaus ...

7. Rathaus

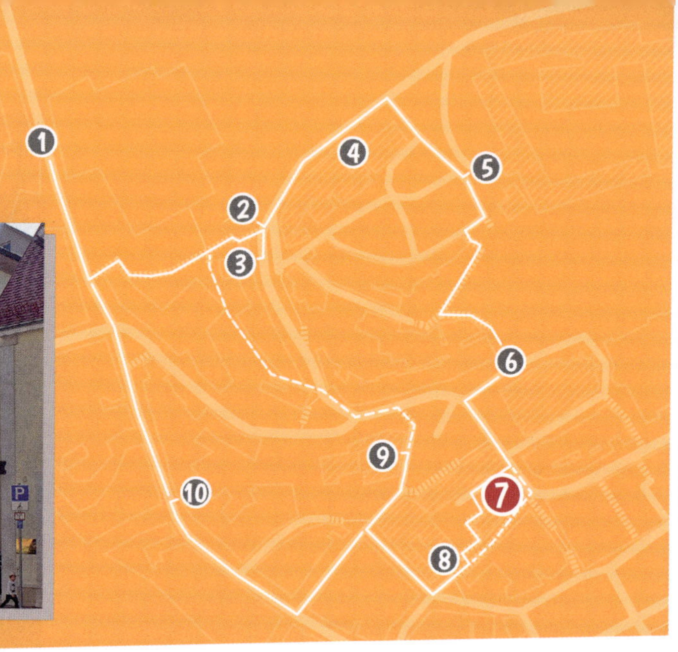

Rathaus

- *Marktplatz 2*
- *ehem. Jesuitenkolleg*
- *nach dem Stadtbrand von 1689 auf bestehendem Grundriss von Aegidius Rossi und Johannes Mazza wieder aufgebaut (1698–1703)*
- *von Friedrich Weinbrenner ab 1811 zum „Konversationshaus“ umgestaltet*
- *seit 1862 Rathaus*

Bürgerbüro am Jesuitenplatz

Öffnungszeiten:
Mo–Mi: 9:30–16 Uhr
Do: 9:30–17:30 Uhr
Fr: 9:30–13 Uhr

Das Rathaus ist ein besonderes Haus. Es hat schon viel erlebt! Kannst du dir vorstellen, was alles zutreffen könnte? Kreuz an, was du für richtig hältst!

A) Hier war das erste Spielcasino untergebracht ☐
B) Der Keller des Hauses ist ein alter Steinbruch, in dem Mühlsteine gebrochen wurden ☐
C) Unter dem Rathaus liegt ein unterirdischer See, in dem die Rathaus-Mitarbeiter baden gehen dürfen ☐

A) Richtig. Das Gebäude war das erste Kurhaus Baden-Badens: mit Café- und Spielräumen, Ballsälen und Badekabinen. Da es bald zu klein wurde, gab man das (heutige) Kurhaus jenseits der Oos in Auftrag.

B) Das stimmt auch. Unter dem Rathaus liegt ein alter Steinbruch, in dem Sandstein gebrochen und zu runden Mühlsteinen gefertigt wurde. Was heute nur noch wenige wissen: Entlang der Oos gab es im Mittelalter viele Mühlen. Der Name der heutigen Mühlengasse erinnert noch daran.

C) Auch das stimmt! Zumindest theoretisch: Der alte Steinbruch (→ *B*) ist inzwischen gut mit Sickerwasser gefüllt. Allerdings liegt dieser kleine See so „unterirdisch" dunkel, dass man hier nicht wirklich baden will. Aber besichtigen kann man ihn (*Eingang vom Jesuitenplatz über das Bürgerbüro zu den Rathaus-Öffnungszeiten*).

Das Rathaus ist übrigens genauso „königlichen" Ursprungs wie das Residenzschloss Rastatt: Es hat denselben Architekten! Und der hat dafür gesorgt, dass Fenster und Türen des Rathauses ***Ohren*** haben.

Ohren? So nennt man die vorspringenden Fensterecken in der Fachsprache.

Durch den großen Torbogen gelangst du in den Innenhof des Rathauses!

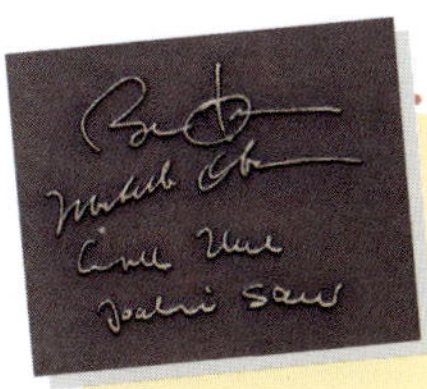

Schau dich mal im Innenhof um! Findest du diese Unterschriften?

Sie gehören zu Barack Obama (amerikanischer Präsident) und Angela Merkel (deutsche Bundeskanzlerin). Sie haben sich in Baden-Baden 2009 beim NATO-Gipfel getroffen und sich ins Goldene Buch – eine Art Gästebuch der Stadt – eingetragen.

Barack Obama (2. von links) unterhält sich mit zwei Mädchen in traditioneller Schwarzwaldtracht. Ob die beiden wohl sehr aufgeregt waren?

Um in die tiefergelegene Altstadt zu gelangen, nimmst du entweder von der ***Steinstraße*** *aus die* ***Jesuitenstaffeln*** *(vor dem Rathaus außen links) oder die* ***Treppen im Innenhof*** *des Rathauses.*
Wo beide Staffeln zusammenkommen, siehst du ihn ...

8. Ein Eiserner Kanzler aus Stein!

Bismarck-Statue

- *1915 hat Oskar Alexander Kiefer diese Bismarck-Statue geschaffen*

Wie hoch ist das Standbild? Was glaubst du?

☐ 13 m ☐ 7 m ☐ 5,5 m

13m

Die enorme Größe ist kein Zufall: Sie zeigt die ungeheure Bewunderung der damaligen Zeit für den dargestellten Politiker. Otto von Bismarck (1815–1898) war ein so beharrlicher und durchsetzungsstarker Staatsmann, dass man ihn auch den „Eisernen Kanzler" nannte. Und er war berühmter Gast und Ehrenbürger der Stadt Baden-Baden.

Mit dem ***Ersten Weltkrieg*** (1914–18) endet eine glanzvolle Zeit in Baden-Baden. Die meisten Sanatorien, Kliniken und Hotels wurden jetzt zu Lazaretten, in denen Verwundete Platz fanden.

Bismarck ist ein echter „Superstar". Allein in Deutschland gibt es noch über 600 Denkmale von ihm. Der Kanzler war schon zu Lebzeiten ein Mythos: Er hatte es geschafft, die so unterschiedlichen Deutschen in einem eigenen Staat, dem Deutschen Kaiserreich, zu vereinen: Wilhelm I. machte er 1871 zu ihrem Kaiser, sich selbst zum Regierungschef. Für die Menschen früher war klar: So jemand verdient es, „in Stein gemeißelt" zu werden. Vor allem in Kriegszeiten, denn das Standbild wurde im Ersten Weltkrieg in Auftrag gegeben. Da passte es, den Kanzler gerade an dieser (engen) Stelle aufzustellen: Hier konnte er – unübersehbar und „unkaputtbar" – den Politikern im nahen Rathaus zur Seite stehen.

*Wir gehen nun die enge **Baldreitstraße** hinauf, dann rechts in die **Büttenstraße** und vor den Rathausstaffeln wieder links ... und **stoppen vor einer kleinen Maueröffnung** ...*

9. Zum Baldreit

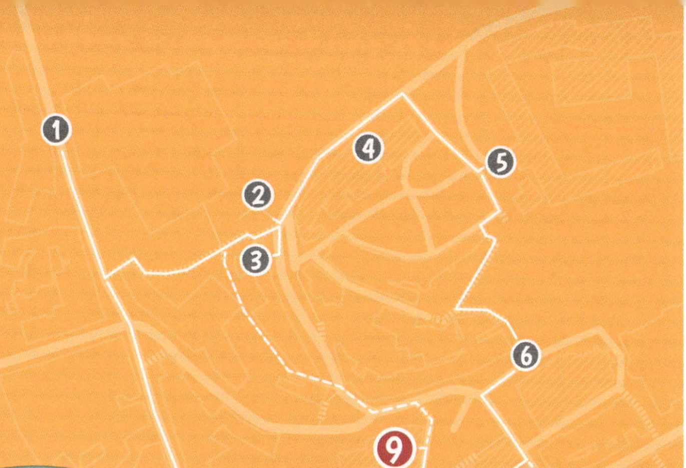

Zum Baldreit

Küfergasse 3

- *bereits um 1460 bekannt*
- *nach dem Stadtbrand von 1689 wieder aufgebaut*
- *wird zum Armenbad, als die neuen Kureinrichtungen jenseits der Oos entstehen*
- *1979 saniert. Seither Stadtarchiv und Wohnsitz der Baldreit-Stipendiaten*

Hier kann man essen: Weinstube im Baldreit
Di–Fr: 17–22 Uhr, Sa: 11–15 Uhr

Holztröge? Richtig kombiniert! Das Baldreit ist eine ***alte Badeherberge*** – die einzig erhaltene der Stadt: Hier konnte der Kurgast wohnen und Heilbäder nehmen. Heute würde man wohl Wellness-Hotel dazu sagen. Wie man hier gebadet hat? Das liest du auf → *S. 36*.

Das Baldreit gehörte zu den großen Häusern der Stadt: mit 30 Badekabinen, ebenso vielen Gästezimmern, größeren Baderäumen und Stallungen rund um den Innenhof. Ihren Namen verdankt die vornehme Badeherberge einem Fürsten aus der Pfalz, der nach seiner Genesung rief: „Seht, so ***bald reit*** ich (schon wieder davon) ..." (🔊 *S. 152*).

Jetzt geht's langsam zurück! Du kannst wählen:

Variante A: Über einen Holzsteig oberhalb der Altstadthäuser zurück zu den Burgstaffeln (bzw. Parkhaus Wagener Galerie). Dafür nimmst du die Staffeln am Ende der Büttenstraße hinauf Richtung Marktplatz und folgst der Schlossstraße bis zum Haus Nr. 5 mit dem Hinweisschild: „Zum Parkhaus Wagener". Am Ende des Holzsteigs kommst du am alten Turm der Neuen Kanzlei vorbei (→ *S. 64*).

Variante B: Über die Büttenstraße hinunter auf die Lange Straße und dann zurück zum Ausgangspunkt.

10. Lange Straße/ Stolpersteine

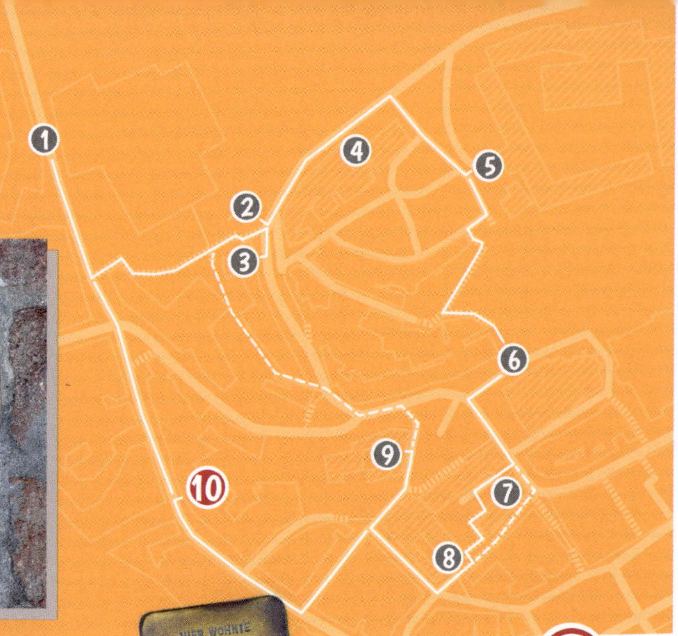

Kannst du lesen, was auf diesen Steinen steht? „Hier wohnte ..."

Jetzt bist du wieder in der alten Hauptstraße angekommen. Die vielen Pflastersteine auf dem Boden gehören zum typischen Bild einer verkehrsberuhigten Fußgängerzone.
„Mit Kopf und Herz" soll man aber über die besonderen Pflastersteine im Boden vor dem Eingang zu Haus Nummer 16 stolpern. Findest du sie?

Stolpersteine

Lange Straße 16
- *Projekt des Bildhauers Gunter Demnig mit über 100.000 Gedenksteinen europaweit*
- *in Baden-Baden sind inzwischen rund 230 Steine verlegt*

Diese Stolpersteine sind kleine ***Mahnmale***. Sie erinnern an Menschen, die ihre Familie und ihr Haus unter Zwang der Nationalsozialisten im ***Dritten Reich*** verlassen mussten, weil sie unerwünscht waren.

Im Haus Nummer 16 wohnte die ***jüdische Familie Wolf***. Sie war seit 1910 in Baden-Baden zu Hause. Die Diktatur des Nationalsozialismus (1933-45) sorgte für ihre „Beseitigung": Den Söhnen Werner und Erich gelang die Flucht ins Ausland, ihre Tante Sofie aber beging Selbstmord, ihr Vater Oskar wurde nach Gurs (Frankreich) deportiert und starb später gewaltsam im Konzentrationslager Auschwitz. Seine Frau Elsa überlebte bei Bauern in Frankreich.

Es sind furchtbar traurige und tragische Geschichten, die sich hinter den Stolpersteinen verbergen.

Am Ende der Straße bist du wieder am Ausgangspunkt angelangt.

Ein Haus zum Nachbasteln

Baden-Baden hat so viele schöne Häuser, kein Krieg hat sie zerstört. Als kleine Erinnerung gibt es daher dieses Haus zum Nachbasteln. Das „Original" steht in der Sophienstraße 9.

Das Bild kopieren (ggf. vergrößern!) und dann entlang der Umrissform ausschneiden. Die einzelnen Hausseiten nach hinten umknicken; ebenso das Dach und die grauen Papierlaschen nach innen falzen und mit Kleber bestreichen. In Form bringen und zusammenkleben.

Der Holzsteig → einer der beiden Wege zurück zum Ausgangspunkt (Tour 3)

Tour 4

Königs-Weg

Im 19. Jahrhundert tut sich was! Baden-Baden wird Kurstadt. Auf der anderen Seite der Oos entstehen jetzt elegante Gebäude wie das Kurhaus, die Trinkhalle oder die großen Hotel-Paläste. Viele Hoheiten und andere reiche Menschen reisen an, ebenso Künstler und Reiselustige. Sie alle verbringen die Sommermonate hier.

Touren-Länge: ca. 2,2 km

Für Kinderwagen: geeignet

Parkhäuser:
- *Kurhausgarage (Mo–So: 24h)*
- *Kongresshausgarage (Mo–So: 24h)*

Hinweis: kein Rundweg; Rückfahrt mit dem Bus möglich

Unsere „Haltestationen“:

1. Kurhaus → S. 80
2. Trinkhalle und Wilhelm I. → S. 83
3. Kaiserallee → S. 86
4. Kolonnaden → S. 87
5. Dorint – Maison Messmer → S. 88
6. Theater → S. 89
7. Lichtentaler Allee → S. 91
8. Brenners Park-Hotel & Spa → S. 93
9. Baumstamm mit Durchblick → S. 95
10. Gönneranlage → S. 96
11. Genzken-Rose → S. 98
12. Hirtenhäuschen → S. 99

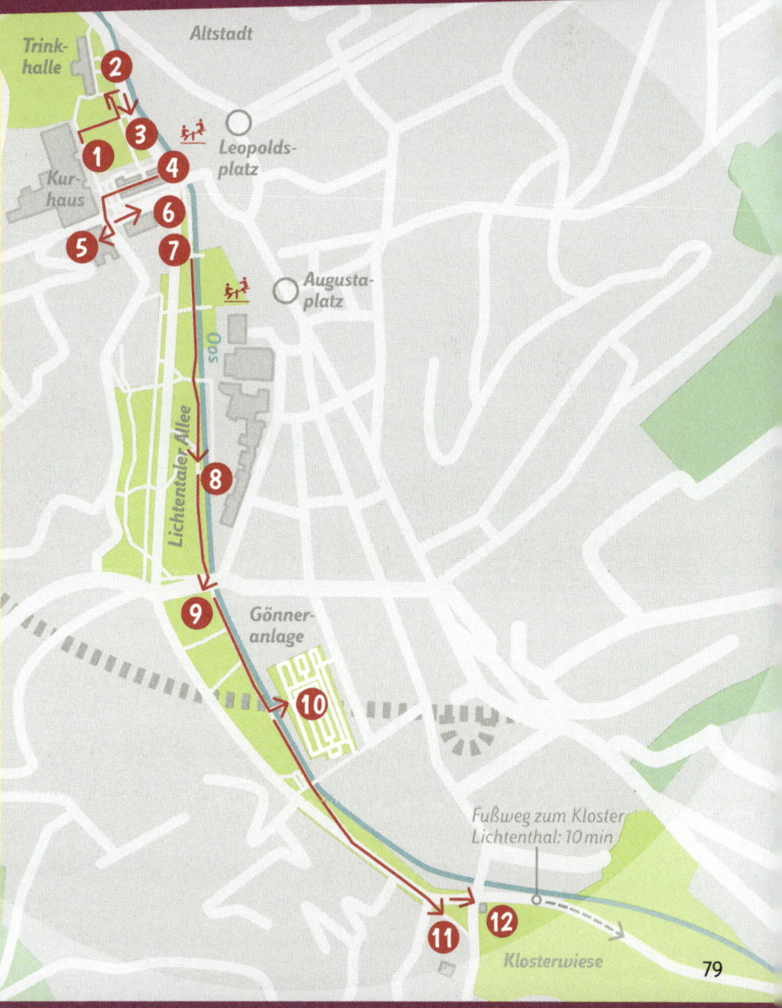

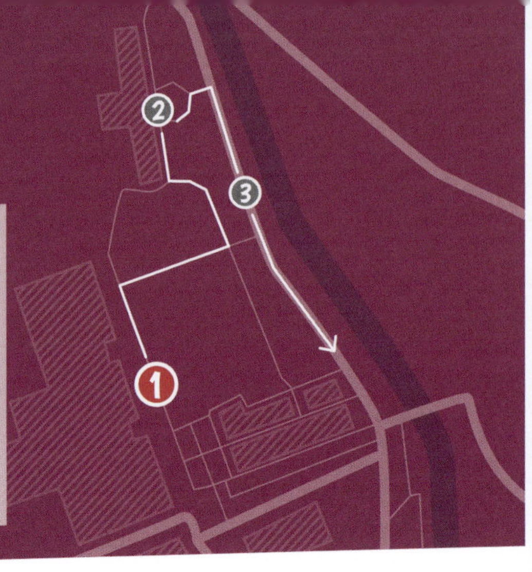

1. Kurhaus

Dieses Haus ist der glanzvolle Mittelpunkt des Kurortes: repräsentativ und groß – wie ein Schloss eben. Mit dem Unterschied, dass sich hier alle Menschen in fürstlichem Rahmen amüsieren können. Früher wie heute wird hier „Konversation" betrieben – man trifft andere Leute, unterhält sich oder lässt sich unterhalten. Früher wurde das Kurhaus deswegen auch „Konversationshaus" genannt.

Das Kurhaus – ein Schloss für alle

Kaiserallee 1

- *das älteste in Deutschland erhaltene Kurhaus*
- *von Friedrich Weinbrenner 1821–24 errichtet*
- *1824 Eröffnung des Casinos, 1855 erhalten die Räume ihr heutiges Erscheinungsbild, 1912–16 modernisiert*

Und wie kommt man hier mit Menschen in Kontakt? Durch ***gemeinsames Essen, Tanzen, Spielen*** ... Das 140 Meter lange Kurhaus teilt sich daher in drei Teile:

Links: Restaurant und Gesellschaftsräume

Zentraler Saalbau: Räume für Bälle, Konzerte ...

Rechts: das Casino. Das ist eine Spielbank für Erwachsene. Kinder und Jugendliche dürfen die edlen Räume nur im Rahmen einer Führung betreten.

Tipp

Im Kurhaus finden schöne Veranstaltungen für Kinder statt. Aktuelle Infos unter: *www.badenbadenevents.de*

Säulen nach antikem Vorbild? Unbedingt!

Das „Nachmachen“ der Antike ist ganz typisch für das 19. Jahrhundert. Für das Kurhaus waren die Tempel der Griechen und Römer das große Vorbild. Diesen Stil nennt man ***klassizistisch***. Passend „antik“ sind daher die Säulen.

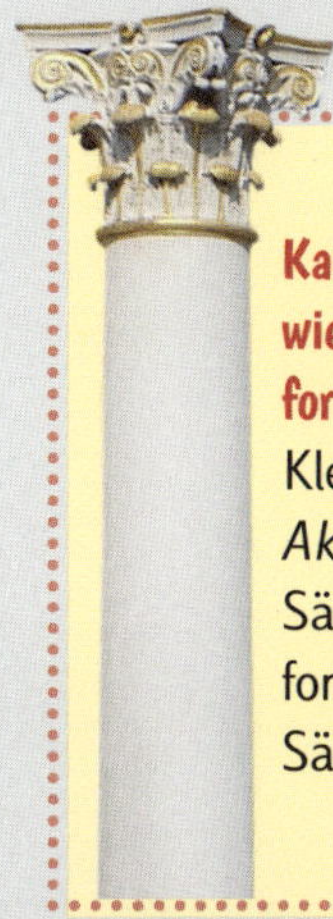

QUIZ?

Kannst du herausfinden, wie Fachleute diese Säulenform am Kurhaus bezeichnen?

Kleine Hilfe: Mit den goldenen *Akanthusblättern* oben am Säulenkopf ist diese Säulenform die Königin in der antiken Säulenordnung (→ *S. 49*).

korinthisch

Nur der zentrale Saalbau mit seinen acht Säulen ist heute noch im Original erhalten. Schau doch mal hinter diese Säulen! Da stehen ihre eckigen „Geschwister“, die Pfeiler. Weil sie nur flach aus den Wänden hervortreten, nennt man sie ***Reliefpfeiler***.

Durch Licht und Schatten heben sich die flachen Pfeiler gut erkennbar von der Wand ab.

Lies oder schreib das Wort mal rückwärts!

R _ _ _ _ _ _ _ _ _ _ _ _ _

Ein Blick ins Innere: Hier liegt der prächtige ***Weinbrennersaal***. Er ist elf Meter hoch! Mit seiner roten Holzdecke und den gewaltigen Kronleuchtern ist er seit jeher ein fürstlicher Veranstaltungsraum.

Casino

Du kannst es nur mit einer Führung (Dauer ca. 40 min. – außerhalb des Spielbetriebs) besichtigen:

- *täglich 10 Uhr/11 Uhr/12 Uhr/ in englischer Sprache: 13 Uhr, Info Tel. 07221 30240*
- *Eintritt: Erwachsene 10 €, Kinder (6–16 Jahre) 4 €*

Überall roter Samt, prächtige Deckengemälde, große Spiegelflächen, weißer Marmor und Kronleuchter aus Kristall. Wahre ***Prunksäle***, die sich allabendlich mit Leben füllen.

Die Grundidee ist seit damals geblieben: Der Gast soll sich wie ein König fühlen. Daher sind die Säle wie ein Königsschloss aus dem 17. oder 18. Jahrhundert ausgestattet. Wie ein ***französisches Königsschloss***! Dafür sorgte Jean Jacques Bénazet, der die Spielbank aufgebaut hat und selbst Franzose war. Und mit ihm kamen nun auch Pariser Künstler und französische Lebensfreude in die Stadt. Wer etwas auf sich hielt, sprach Französisch.

Baden-Baden als Kurbad war *out*. *In* war es jetzt als „Gesellschaftsbad“: Man „badete“ lieber in Gesellschaft als in Wasser ... und übte sich in der Kunst der Geselligkeit.

„Roi de Bade“ oder „König von Baden“ – Jean Jacques Bénazet und sein Sohn

STECKBRIEF

Namen: *Jean Jacques und Edouard Bénazet, Vater und Sohn*
Beruf: *Veranstaltungsmanager der Extra-Klasse*
Herkunft: *Paris*
Wohnort: *seit 1838 Baden-Baden*

Charakter: *weltoffen, gebildet, kreativ, spendabel*

Leistung: *Vater und Sohn entwickelten ein reichhaltiges Kultur- und Freizeitprogramm für die Besucher von Baden-Baden. Das zog viele Monarchen und „Promis“ an. So entstand im 19. Jahrhundert ein Kurbetrieb, der Baden-Baden zu einer Weltstadt machte – und im Sommer zur Hauptstadt Europas. Ihre Einnahmen investierten die Bénazets in die „Aufhübschung“ der Stadt Baden-Baden.*

Sie finanzierten: *Trinkhalle, Casino mit Prunksälen, Theater, Lichtentaler Allee, Kurorchester, Galopprennbahn Iffezheim, Evangelische Stadtkirche, Alter Bahnhof (Festspielhaus) ...*

Weiter geht's zur nächsten Station, der Trinkhalle ...

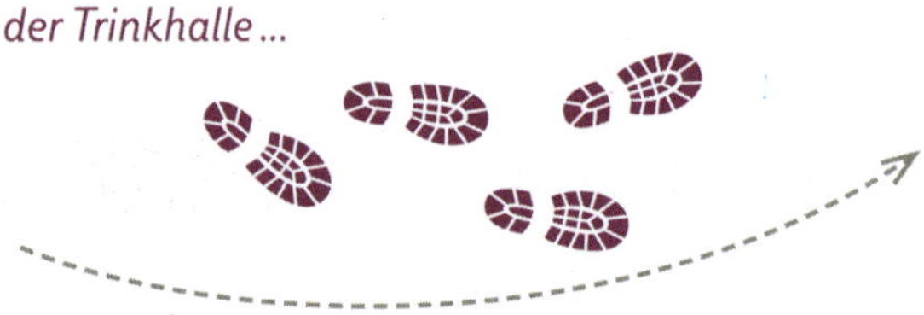

2. Trinkhalle und Wilhelm I.

Die Trinkhalle – das ist ein ganz besonderes Haus für ein ganz besonderes Wasser: das Heilwasser von Baden-Baden! Hier konnte der Kurgast seine Trinkkur machen und mit dem gefüllten Becher in der Hand auf und ab wandeln. Früher glaubte man nämlich, dass die kostbaren Inhaltsstoffe des Heilwassers erst durch die körperliche Bewegung in die Blutbahn des Menschen gelangen würden.

Trinkhalle

Kaiserallee 3

- *1839–42 errichtet von Heinrich Hübsch*
- *Fresken von Jakob Götzenberger*
- *Giebelskulpturen von Franz Xaver Reich*

Die Zeit, in der in der Kurstadt nur gebadet wurde, war erstmal vorbei – jetzt wurde das berühmte Thermalwasser getrunken! Dafür errichtete man eigens diesen imposanten Bau.

Wer von dem Wasser trinken wollte, musste zu ihm aufsteigen – über eine monumentale Freitreppe. „Seine Hoheit", das Wasser, wartete oben im Brunnensaal. Es war schließlich nicht irgendein Wasser, sondern Heilwasser, das extra vom Schlossberg (→ S. 24) heruntergeleitet wurde.

Himmlisches Nass

Von der göttlichen Heilkraft des Wassers erzählen, weithin sichtbar, die Figuren im Giebelfeld über den Stufen:
Die Kranken (links) erhalten von der Quellnymphe (Mitte) das dampfende Wasser und ziehen als Gesunde (rechts) weiter.

Die „Trinkkur" – Brunnenfigur in der Gönneranlage (→ S. 96)

Wer dann einen Becher mit Heilwasser in Händen hielt, schritt langsam und würdevoll auf und ab. 90 lange Meter boten sich dafür an! Und damit's beim Wandeln nicht langweilig wurde, zeigen ***14 Wandbilder*** an der geschlossenen Gebäudeseite die wundersamsten Begebenheiten aus der Geschichte von Stadt und Region.

Die offene Gebäudeseite ist die Verbindung zur „Außenwelt". So wird die Trinkhalle – damals wie heute – zum „Laufsteg". Hier sieht man Menschen und wird selbst gesehen.

Die Trinkhalle – ein begehbarer Fremdenverkehrsprospekt! Auf den Wandbildern findest du die besten Ausflugsziele der Umgebung.

Quellwasser oder Quälwasser? Eine Unterhaltung um 1870:

Immer nur warmes Wasser trinken, wie öde ...

Es gibt auch kaltes Mineralwasser aus der Flasche. Oder noch besser: die Molkenkur.

Früher hat man in der Trinkhalle auch warme Ziegenmilch angeboten.
Für diese ***Milchkur (= Molkenkur)*** wurden extra Ziegen gehalten und hinter der Trinkhalle gemolken. Sissi – Kaiserin Elisabeth von Österreich – mochte wohl lieber Kuhmilch: Sie hatte sogar ihre eigene Kuh dabei, als sie in Baden-Baden weilte.

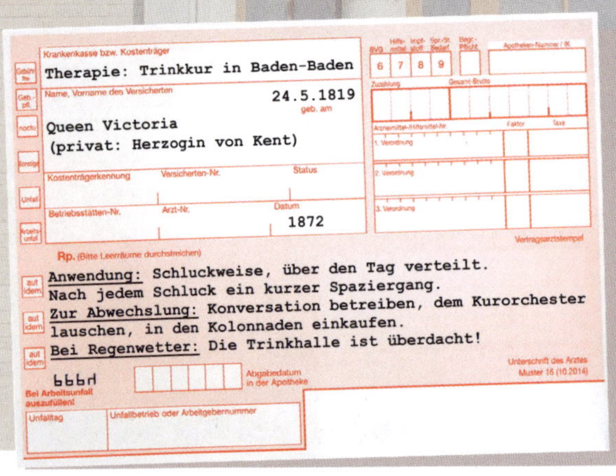

Krankenkasse bzw. Kostenträger
Therapie: Trinkkur in Baden-Baden
Name, Vorname des Versicherten
24.5.1819
geb. am
Queen Victoria
(privat: Herzogin von Kent)
Kostenträgerkennung | Versicherten-Nr. | Status
Betriebsstätten-Nr. | Arzt-Nr. | Datum 1872
Rp. (Bitte Leerräume durchstreichen)
Anwendung: Schluckweise, über den Tag verteilt. Nach jedem Schluck ein kurzer Spaziergang.
Zur Abwechslung: Konversation betreiben, dem Kurorchester lauschen, in den Kolonnaden einkaufen.
Bei Regenwetter: Die Trinkhalle ist überdacht!
6 7 8 9
Bei Arbeitsunfall auszufüllen!
Unfalltag | Unfallbetrieb oder Arbeitgebernummer
Abgabedatum in der Apotheke
Unterschrift des Arztes
Muster 16 (10.2014)
Vertragsarztstempel

Im 19. Jahrhundert gingen viele Royals „auf Kur" nach Baden-Baden. Ob sie nun vom Arzt verordnet war oder nicht: Eine Kur war willkommener Anlass, sich hier zu treffen. Sie versprach viel Unterhaltung, Freizeit und Genuss.

Ein Denkmal für Wilhelm I.

Ein Kopf von einem Kopf: Wilhelm I.

vor der Trinkhalle

Wenn ein Kaiser in Baden-Baden präsent ist, dann Wilhelm I. Er wird dir gerade auf dieser Tour immer wieder begegnen. Schon als Prinz kam er hierher, später als König und ab 1871 als Kaiser. Treue Begleiterin war seine Frau Augusta.

Denk mal! Über 40 Jahre lang war das Kaiserpaar hier zu Gast. Grund genug also, ihre Gesichter in Stein zu verewigen: Der Bildhauer, der die Köpfe Kaiser Wilhelms (1875) und Kaiserin Augustas (1892, neben dem Museum Frieder Burda) geschaffen hat, war auch ein Kopf: Joseph von Kopf.

Oben: Wilhelm I. und seine Frau Augusta in der Kutsche, unten: das Denkmal vor der Trinkhalle.

QUIZ?

Welcher Kopf gehört zu wem? Spure die richtigen Linien nach!

WILHELM I.

AUGUSTA

JOSEPH VON KOPF

von links nach rechts: Augusta, Joseph von Kopf, Wilhelm I.

Siehst du die große Straße hinter dir? Das ist die Kaiserallee ...

3. Kaiserallee

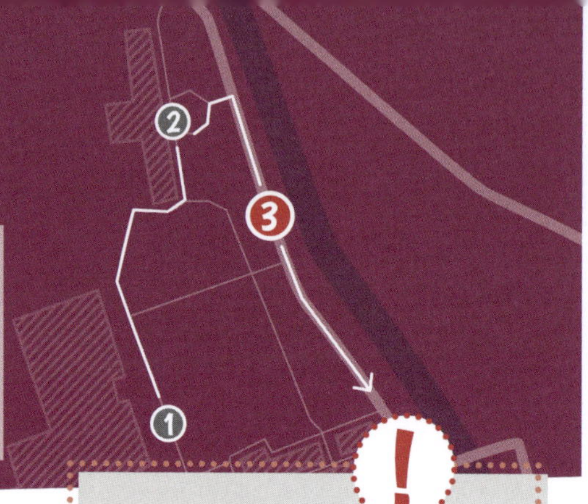

Diese Allee war die erste große „Spaziermeile“ in Baden-Baden. Benannt ist sie nach – du kannst es dir denken – Kaiser Wilhelm I. Sie führt dich bis zum Kloster Lichtenthal (→ *S. 122*) hinaus – immer an der Oos entlang.

Die Zahl der Kurgäste nahm jetzt so rasant zu, dass viele Hotelzimmer benötigt wurden. Und: noble Gesellschaftsräume. Denn wer hier abstieg, wollte nicht nur schlafen und essen, sondern auch Unterhaltung haben! Dafür reichten Kurhaus und Trinkhalle allein nicht mehr aus: Es entstanden die ***Grand Hotels*** – die im Aussehen an große Palastbauten erinnern. Auch in der Gartengestaltung übrigens!

Wilde Oos?

Kannst du dir vorstellen, dass die Oos einst ein wilder, verschlungener Fluss war, der 1851 sogar die gesamte Parkanlage zerstört hat? Der Fluss wurde daraufhin begradigt, und es entstand die Lichtentaler Allee (→ S. 91).
Hochwasser gibt es trotzdem noch: Zuletzt 2013, als der normale Wasserstand von 45 cm auf 198 cm angestiegen war. 1998 stieg er sogar auf 292 cm.

Badischer Hof
Vom Kapuzinerkloster zum ersten Luxus-Hotel Europas ... Was für ein Treppenhaus! Der Schalenbrunnen war lange Zeit Pausenzeichen des früheren SWF-Fernsehens.

Europäischer Hof
Ein Juwel im Umbau ...

Atlantic Parkhotel

Brenners Park-Hotel & Spa
Von Anfang an ein wahrhaft fürstliches Hotel!

Siehst du die Schaufenster dort – mit den vielen Bäumen dazwischen?

4. Kolonnaden

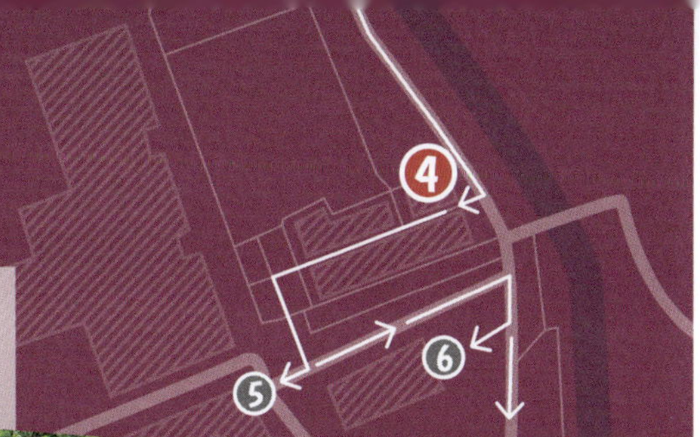

So eine Allee war sehr praktisch: Unter dem grünen Dach der Bäume ließ und lässt es sich gut bummeln ... Pariser Geschäftspassagen waren das große Vorbild. Du weißt ja: französischer Lebensstil und so weiter. Bis heute kann man auf dieser Flaniermeile exklusiv einkaufen.

Die Kolonnaden – Einkaufen unter Kastanien-Säulen

Kaiserallee 3

- *Geschäftspassage 1867/68 von Carl Dernfeld nach Pariser Vorbild errichtet. Die gemauerten Häuschen ersetzen Verkaufsstände aus Holz*

Das Kurhaus – ein Schloss für alle. Erinnerst du dich? Was ein anständiges Schloss ist, braucht auch einen anständigen Aufgang!
Diese vierreihig bepflanzte Einkaufsstraße ist ein solcher Aufgang. Die „Kastanien-Säulen" lenken noch heute den Blick auf den linken Teil des Kurhauses, wo früher nur ein einziges Haus stand: das alte Kur- oder Promenadenhaus.

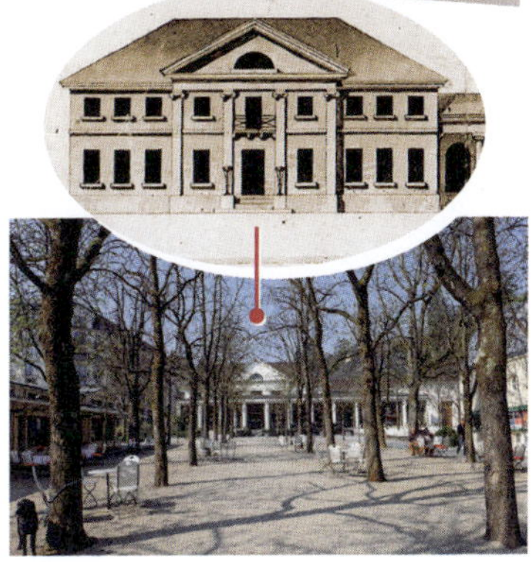

Blick durch die Kastanienallee auf das heutige Kurhaus. Oben: die Ansicht des alten Kur- oder Promenadenhauses.

Nicht nur im Herbst empfehlenswert: die „Ess-Kastanien" aus dem Hause Rumpelmayer.

Bei Regen oder Sonne: Ein Schaufensterbummel ist dank Vordach bei jedem Wetter möglich.

Geschnitzt und gekauft in Baden-Baden: ein Spazierstock für Johann Wolfgang von Goethe zum 70. Geburtstag.

Durch die Kolonnaden geht's auf das Kurhaus zu, links davon siehst du dann ein großes Haus mit vielen Fenstern ...

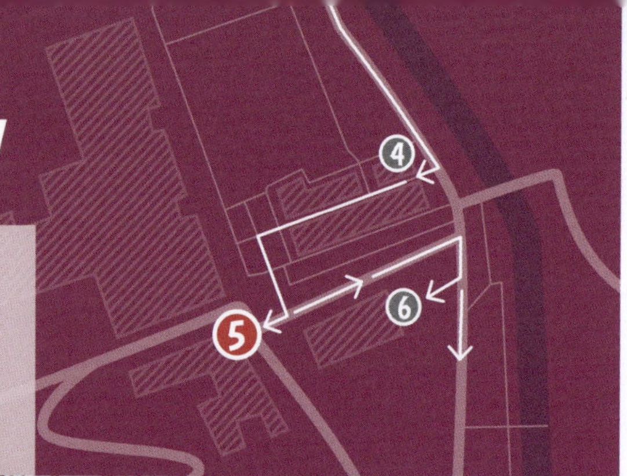

5. Dorint – Maison Messmer

Modern und doch historisch – an diesem Ort wurde Geschichte geschrieben: Das deutsche Kaiserpaar Wilhelm I. und Augusta wohnte hier – im Vorgängerbau – über 40 Jahre lang in ihren „Sommerferien“. Und weil ein Kaiser nicht einfach in einem Hotel absteigt, hieß dieses vornehme Haus „Maison Messmer“.

QUIZ?

Maison heißt Haus. In welcher Sprache?

- Französisch ☐
- Englisch ☐
- Russisch ☐

Natürlich Französisch!

Die Geburtsstunde einer Tee-Marke

Das Kaiserpaar trank gern Schwarztee – am liebsten den aus Russland, den die Schwester des Kaisers, die Zarin von Russland, schickte. Nicht immer jedoch reichte der Vorrat für die Teestunden in Baden-Baden. Das war die Gelegenheit für ***Eduard Messmer***, den Sohn des Hotelbegründers: Er betrieb ein Feinkostgeschäft in der Sophienstraße und setzte nun alles daran, entsprechenden Tee zu besorgen. Er fand ihn in China und wurde 1894 zum ***„kaiserlichen Hoflieferanten“*** ernannt.

Die Qualität seines Tees war so gut, dass „Thee Messmer“ ein Jahr später als Warenzeichen eingetragen wurde: Dies war die Geburtsstunde der bis heute bekannten Tee-Marke „Meßmer Tee“.

100 Meter weiter Richtung Goetheplatz steht das Theater …

6. Theater

Vornehm sollte der Kurbetrieb in Baden-Baden sein. Die Prunkräume des Casinos hatten bereits Maßstäbe gesetzt, deshalb sollte auch ein neues Theater prächtig gestaltet werden. Gerade so, als ob ein französischer König hier einziehen sollte.

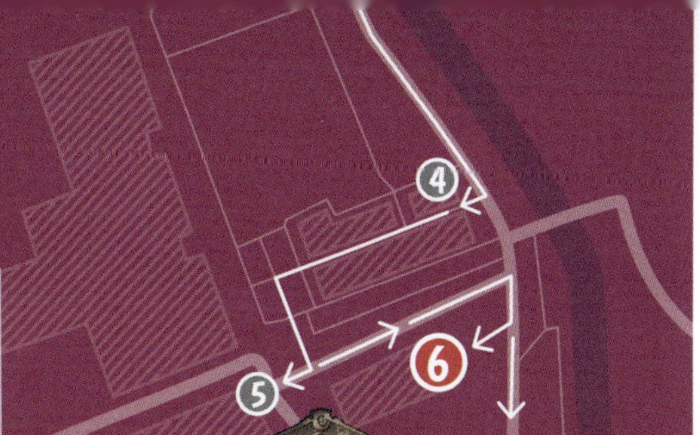

Theater

Goetheplatz 1

- *1860–62 von den Pariser Architekten Charles Derchy und Charles Couteau erbaut*

Daher gleicht das Theater im ***Innern*** einem echten Schloss: Überall begegnen dir die Königsfarben Rot-Weiß-Creme, prunkvolle Deckengemälde, Kronleuchter, Spiegel, goldene Rahmen ...

Und was ist das? Die Kunst des Gleichgewichts oder „Philemon und Baucis“, die zwei Figuren aus der griechischen Sagenwelt (auf dem Theatervorplatz, von K.M. Rennertz, Bronze, 2011).

Das ***Äußere*** des Hauses erzählt dir, wo du eigentlich gerade stehst: vor einem Theater, in dem Schauspiele und Opern aufgeführt werden. Klar, dass sich ein solcher Bau nur mit Personen schmückt, die „Könige“ in ihrem Fach sind: die Dichter ***Goethe*** und ***Schiller***.

Schmucke Details an der Fassade: Findest du dieses Musikinstrument sowie die beiden Dichterfürsten Johann Wolfgang von Goethe und Friedrich Schiller?

QUIZ?

Kein Theater ohne die drei Künste Malerei, Dichtung und Musik. Sie sind als Frauenfiguren im Giebelfeld dargestellt.

Bestimmte Dinge in ihren Händen verraten, wer sie sind. Was gehört zu wem? Ordne Buchstaben und Zahlen zu:

A) Pinsel, Palette, Papier
B) Schreibfeder, Fackellicht, Lorbeerkranz
C) Lyra (Leier)

2. MALEREI
1. MUSIK
3. DICHTUNG

Im Giebelfeld stehen die drei Frauen auch räumlich an der Spitze des Kunst-„Tempels“ Theater.

!

Theater-Führung

Schau hinter die Kulissen: in der Regel am 1. Samstag im Monat um 16 Uhr. Eintritt: Erwachsene 9 € Kinder 4,50 €

Tipp

Junges Theater

Im TIK (Theater im Kulissenhaus, links vom Hauptgebäude) finden viele Aufführungen auch für Kinder und Jugendliche statt.
Speziell an Halloween und Weihnachten verwandelt sich das TIK in eine Wunderwelt und wird zum Event für die ganze Familie (TIK EXTRA).

Besonderer Adventskalender

Im Advent öffnet sich jeden Tag um 17 Uhr das Eingangsfoyer zu einer „lebendigen“ Überraschung.

www.theater-baden-baden.de

Nur wenige Meter weiter startet die Baden-Badener ***Museumsmeile***: Hier findest du das Kulturhaus LA8 (Museum für Kunst und Technik des 19. Jahrhunderts), die Staatliche Kunsthalle, das Museum Frieder Burda und das Stadtmuseum. Im Kapitel ***„Museums-Tag“*** (→ *S. 101*) erfährst du mehr dazu.

Vor dem Theater warten die Kutschen, um dich fürstlich durch die Allee und durch die Stadt zu fahren (→ S. 14). Hier beginnt auch die Lichtentaler Allee …

7. Lichtentaler Allee

Die Lichtentaler Allee ist der Kurpark Baden-Badens. Benannt sind Straße und Park nach dem Kloster Lichtenthal, einem beliebten Ausflugsziel am Ende des Wegs (→ *S. 122*). In diesem Park können die Besucher spazieren gehen und sich erholen, die exotischen Pflanzen der Stadt bewundern und sich unterhalten. Diese Straße ist für alle da: vom Promi bis zum Vierbeiner.

Stehst du noch vor dem Theater? Gut. Dann sieh mal in die Allee hinein Richtung Stadtmuseum: eine ganz geraaade Straße. Wie mit einem Lineal gezogen! Das ist typisch für das 17. Jahrhundert! Und genau aus dieser Zeit stammt dieser (älteste) Abschnitt der Allee.

Irgendwann war diese barocke Strenge *out*, und große Landschaftsgärten *in*. Nun wurden entlang der Allee weite Grünflächen angelegt – mit einzelnen Bäumen, Baumgruppen und verschlungenen Wegen. Überall tun sich neue Blicke auf. Gerade so, als ob du in einem Gemälde umhergehen würdest. Es gibt keine Grenzen, die Anlage geht fließend in die Gärten der angrenzenden Villen über …

Lichtentaler Allee – ein begehbares Gemälde

ab dem Theater, Goetheplatz 1

- *der Bau der Trinkhalle hatte den ersten Kurpark der Stadt „zunichte" gemacht. „Ersatz" wurde die Allee nach Lichtental, die nun als englischer Landschaftsgarten angelegt und schrittweise erweitert wurde (unter Gartenbaudirektor Johann Michael Zeyher, 1839–43)*
- *die meisten Bäume stammen aus dem 19. Jhd. Die riesigen Eichen, Buchen, Tulpen-, Geweih- und Mammutbäume sind inzwischen Naturdenkmale!*

Der Sintersteinbrunnen in der Allee. Die aufgetürmten Felsbrocken sind „verdunstetes Thermalwasser" vom Florentinerberg.

Apropos fließend: Die ***Oos*** spielte früher eine besondere Rolle. Sie trennte den öffentlichen Parkbereich von den privaten Gärten. Das war sehr praktisch: Ungebetene Tiere kamen so nicht an die leckeren Blumen in den Ziergärten ... Die Oos ersetzt bis heute einen Zaun, der den Blick unnötig verstellen würde!

Für viele Literaten, Musiker und Künstler ist die Allee ein Ort der Inspiration: früher wie heute!

CLARA SCHUMANN
JOHANNES BRAHMS

Beide waren im 19. Jahrhundert berühmte Pianisten und Komponisten. Und obendrein eng befreundet!

MAX BECKMANN

Der Maler (1884–1950) verweilte öfters hier zur Kur. Einige seiner Bilder zeigen Motive der Stadt.

JAMES RIZZI

Auch der Pop-Art-Künstler aus New York (1950–2011) war hier gern und oft unterwegs.

*Ein alter Baum der Allee hat es dem Künstler **Karl Manfred Rennertz** angetan: Auf S. 95 erfährst du mehr!*

Audio-Guide-Tipp:
Ein „unterhaltsamer" Spaziergang durch die Lichtentaler Allee.

Freundeskreis Lichtentaler Allee e.V.
Initiative Weltkulturerbe

Weiter geht's durch die Allee bis zu diesem prachtvollen Haus auf der linken Seite ...

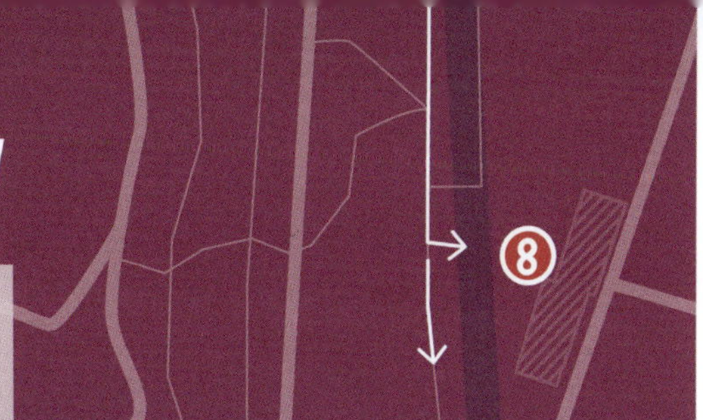

8. Brenners Park-Hotel & Spa

Das Brenners, wie es die Einheimischen nennen, wirkt schon von außen wie ein königliches Anwesen: Gleich mehrere Villen und eine eigene Parklandschaft gehören zu diesem Grandhotel. Wie in einem richtigen Schloss sind auch die Innenräume prächtig ausgestaltet. Kein Wunder, dass das Brenners in der ganzen Welt bekannt ist.

Wenn Sofakissen erzählen könnten …

Herzstück des Hauses ist die Kaminhalle: ein großes Wohnzimmer mit gemütlichen Sesseln und warmem Feuer. Genau hier versöhnten sich 1962 zwei große Staatsmänner und legten damit den Grundstein für unser modernes Europa: der deutsche Bundeskanzler Konrad Adenauer und der französische Staatspräsident Charles de Gaulle. Nach den Schäden durch die zwei Weltkriege war das Treffen in Baden-Baden der Beginn einer neuen deutsch-französischen Freundschaft … und eines zusammenwachsenden Europas.

Das Brenners – die Wiege Europas

Schillerstraße 4/6

- *mit Camille Brenner (1855–1914) beginnt der Aufstieg des Hauses: Er fasst einzelne Prachtvillen zusammen (darunter das damals legendäre Hotel „Stéphanie“). Daraus entwickelt sich über die folgenden Jahrzehnte der heutige Hotelkomplex*
- *1945–49 diente das Brenners der französischen Besatzungsmacht als Hauptquartier*
- *das Fünf-Sterne-Haus zählt heute zu den teuersten Hotels Deutschlands, es gehört der Familie Oetker und ist das Stammhaus der Oetker Collection*

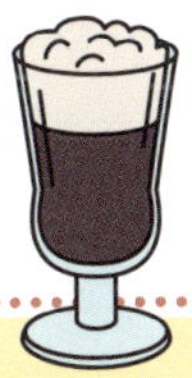

GUTSCHEIN

Hier würdest du gern mal reinschauen? Welcome!

Das Brenners lädt dich in die Kaminhalle zu einer ***Tasse heißer Schokolade*** ein! Lecker! Einfach diesen Stadtführer mitbringen und an der Rezeption vorzeigen.

Eingelöst am: ______________ Stempel: ______________________________

(Der Gutschein gilt werktags und nur für dich – nicht für deine Eltern und/oder Begleitpersonen.)

Die Welt blickt nach Baden-Baden

Zur Fußball-WM 2006 logierten die Spielerfrauen und -kinder der englischen Nationalmannschaft im Brenners. Tagelang belagerte die britische Boulevard-Presse das Haus, immer auf der Lauer nach einem guten Schnappschuss.

Hochkarätige Politiker übernachteten hier während des Nato- und G20-Finanzgipfels (2009 und 2017). Auf dem Foto rechts siehst du die Ehefrauen der Politiker – die „First Ladies“.

Kléopatre, Königin auf Samtpfoten

Der eigentliche Star im Haus aber ist Kléopatre. Besonders junge Gäste lieben sie. Lautlos schreitet die weiße Birma-Katze durch die weiten Korridore des Hauses oder sitzt auf dem Empfangstresen. Luxus ist Kléopatre gewohnt – sie stammt aus einem Pariser Grandhotel. Als Dame mit vier Pfoten nimmt sie im Brenners daher schon mal den Aufzug, wenn ein freundlicher Zweibeiner für sie den Knopf drückt. Sie hat's gut: Sie hat ihr eigenes Bett im Hotel – und während dort renoviert wird, darf sie selbstverständlich auch woanders wohnen.

Noch mehr Prominenz – Auszug aus dem Gästebuch

Walt Disney
Henry Ford
Loriot
PAPST JOHANNES PAUL II.
George Clooney
Max Giesinger
Rea Garvey
Lang Lang

Es gibt sogar einen hauseigenen Oldtimer „Oscar“, der schon viele Gäste in den Schwarzwald kutschiert hat.

QUIZ?

Im Brenners wird Service groß geschrieben.

Wie viele Angestellte, glaubst du, sind hier im Einsatz?

A) 500 **B)** 98 **C)** 260

Antwort C ist richtig.

Weiter geht's zum Zebrastreifen über die Fremersbergstraße zu einem ganz besonderen Baum …

9. Baumstamm mit Durchblick

Das Guckloch hat den Baumstamm richtig berühmt gemacht. Im Jahr 2019 war er eines der meistfotografierten Kunstobjekte in Baden-Baden. Viele Menschen haben „durch ihn" einen neuen Blick auf den Park bekommen. Das ist gewollt: Sie sollen sehen, dass der Park ein von Menschenhand angelegtes Kunstwerk ist.

Die Idee dazu kam von dem Baden-Badener Bildhauer Karl Manfred Rennertz (geb. 1952). Er wollte dem Baumstamm, der früher vor dem Burda-Museum stand, durch das eingesägte Fenster ein zweites Leben als Medienstar bzw. Kunstobjekt schenken. Jahrelang nämlich war der 40 Meter hohe Riesenbaum das beleuchtete Highlight in den Baden-Badener Parknächten gewesen. Doch seine Wurzeln waren so faulig, dass er 2017 gefällt werden musste.

„Baden-Badener Baumfenster"

gegenüber Lichtentaler Allee 12

- *Achtung: klettern verboten! Holz und Rinde sind brüchig*

Mammutbäume aus Amerika? Hier?

Als großer Naturliebhaber wollte Wilhelm I. die in den USA um 1850 entdeckten Bäume selbst nachziehen. Kurzerhand bestellte er 1864 „ein Lot" Samen (= ca. 15 Gramm). In Amerika – so die Legende – habe man aber „a lot" (= engl. viel) verstanden und ein halbes Kilo dieser federleichten Samen an die königliche Bau- und Gartendirektion versandt: 100.000 Einzelkörner!!! Daraus erwuchsen jede Menge Jungpflanzen, die in Stuttgart und später im ganzen Land verteilt wurden …

QUIZ?

Wie hoch schätzt du den verbliebenen Baumstamm?

A) 6 m **B)** 3 m **C)** 10 m

Antwort A ist richtig.

Auf dem Fußgängerweg entlang der Oos geht's weiter.

10. Gönneranlage

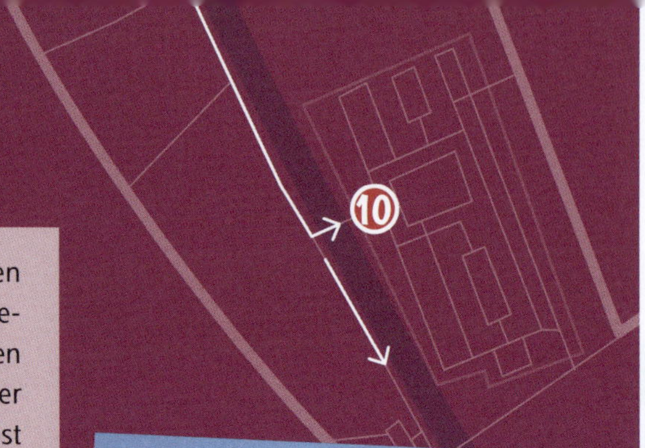

Für gewöhnlich werden Häuser von einem Garten umgeben. In der Gönneranlage ist es der große Josephinenbrunnen, der von einer Grünanlage umgeben wird. Und noch etwas ist anders: Der Garten ist hier nicht nur Grünfläche „um etwas herum“, sondern ist selbst wie ein Haus mit einzelnen Räumen gestaltet. Du hast bestimmt schon einmal mit Stöcken die Linien eines Hauses im Rasen nachgelegt. Ganz ähnlich ist es hier. Doch komm erstmal rein!

Du betrittst das „Grundstück“ am besten von der „unbebauten“ Oosseite über die ***Josephinenbrücke***. Es reicht bis zur Hecke aus Rotbuchen gegenüber, die dort wie eine Mauer steht. Die Hecke hat auch noch einen anderen Zweck: Vor ihr wird der weiße Brunnen erst richtig sichtbar.

Die Fläche vor dem Brunnen ist der Salon des Hauses, das Wohnzimmer sozusagen. Die vielen Hecken und Bäume in dieser Anlage sind also wie Wände zu verstehen, Blumenbeete oder Rasenflächen wie Fußböden. In diesem Sinne sind die Figuren und weiß lackierten Bänke im Park die Möbel des Hauses. Und der Himmel über der Gartenanlage? Klar, der wird zur Zimmerdecke.

Das ist die „Badekur“. Die „Trinkkur“ siehst du auf S. 83 (Trinkhalle und Wilhelm I.).

Gönneranlage – das „grüne Haus“ des Kaffee-Königs

Lichtentaler Allee 64

- *der deutsch-amerikanische Kaffee-Großhändler, Multimillionär und Wohltäter Hermann Sielcken hat Park und Brunnen gestiftet, benannt ist die Anlage nach Albert Gönner, dem ersten vollberuflichen Bürgermeister der Stadt*
- *die Gesamtanlage entworfen hat Max Laeuger 1909–12*
- *die Brunnenfiguren stammen von Joseph Floßmann. Sie stellen „Badekur“ (mit Badetuch) und „Trinkkur“ (mit Becher) dar*

Die Idee für dieses „Heckengartenhaus“ stammt von Max Laeuger. Er hat mit dieser Anlage aus dem frühen 20. Jahrhundert europäische Gartengeschichte geschrieben. Das ist durch die „Umwandlung“ zum Rosengarten (1952) und den Neubau des angrenzenden Bertholdbads (→ *S. 145*) etwas in Vergessenheit geraten. Der Duft von rund 400 verschiedenen Rosensorten entschädigt dafür aber.

Wusstest du? Für den Gartenliebhaber ist Baden-Baden die Hauptstadt der Rosen.

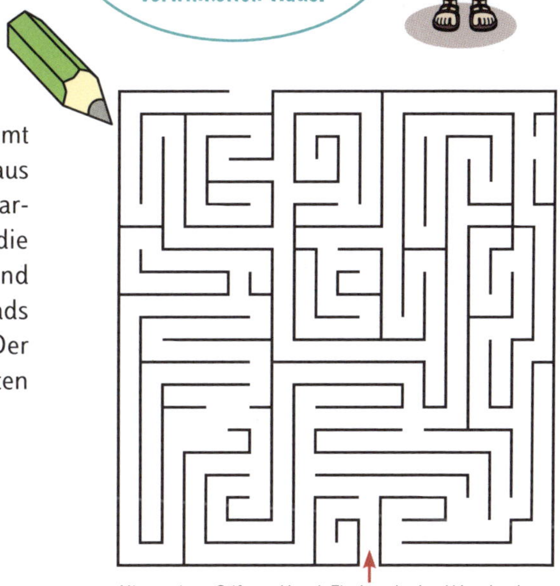

Nimm einen Stift zur Hand. Findest du den Weg durchs Labyrinth? Los geht's beim roten Pfeil …

Tipp

Noch mehr Gartenkunst

Max Laeuger hat noch einen anderen Garten in Baden-Baden gestaltet: das Paradies (→ *S. 128*).

Eine Rose ist auch das nächste Ziel. Einfach die Allee weiter hinunterlaufen …

11. Genzken-Rose

Eine einzelne rote Rose so hoch wie ein Baum – das ist eine große Liebeserklärung: an den Betrachter und die Umgebung. Vor allem aber an die moderne Kunst! Denn die wird hier mit Herzblut gesammelt: Das Anwesen hinter der Rose ist Sitz der Stiftung Frieder Burda, die rund 1.000 Werke der klassischen Moderne und zeitgenössischen Kunst verwaltet. Vieles davon ist in einem eigenen Museum zu sehen (*→ S. 104*).

Die Königin aller Blumen als Kunstwerk

Lichtentaler Allee 74

- *Höhe 8 m, Material Stahlvollguss und Aluminium (Blätter)*
- *geschaffen von Isa Genzken (geb. 1948) im Auftrag des Kunstsammlers Frieder Burda*
- *1993 aufgestellt im Park der Villa Schriever, Ur-Rose aller Genzken-Rosen weltweit*

Mit acht Metern Höhe fällt die Figur zwar aus dem Rahmen, aber nicht um: Der Stiel ist massiv aus Stahl gegossen und gibt so Stabilität. Blätter und Blüten sind einzeln montiert und dann farbig lackiert.

QUIZ?

Die Genzken-Rose wiegt schwer: Rate mal!

- 500 kg ☐
- 1.400 kg ☐
- 2.100 kg ☐

1.400 kg

Auf derselben Straßenseite weiter unten, direkt an der Kreuzung, steht ein kleines Fachwerkhaus …

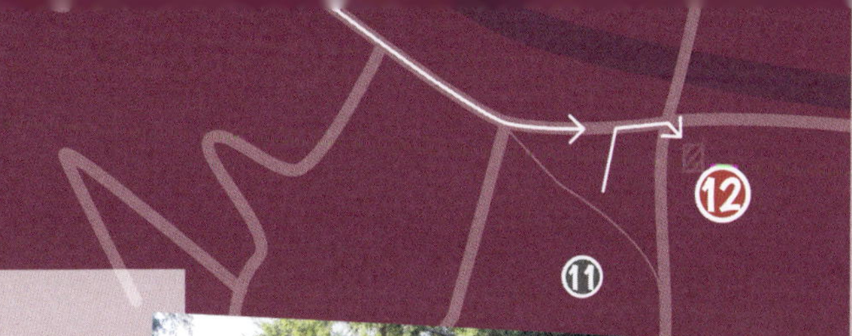

12. Hirtenhäuschen

Lichtentaler Allee 76

- *1793 als Unterkunft für die Schäfer der Klosterwiese erbaut*
- *1859 von Wilhelm I. als Rasthaus erworben*
- *heute Café-Kiosk Lumen*

Julius erzählt ...

Ein „Mords"platz für einen König

(🔊 *S. 152*) – Es ist Sonntag, der 14. Juli 1861, früher Morgen: König Wilhelm I. beginnt seinen gewohnten Spaziergang durch die Lichtentaler Allee. Er kennt die Allee wie seine Westentasche: Seit mehreren Jahren verbringt er hier die Sommermonate mit seiner Frau Augusta.

Zur selben Zeit läuft auch Oskar Becker die Allee entlang. Der 22-jährige Jura-Student aus Leipzig war tags zuvor nach Baden-Baden gereist. Er ist überzeugt davon, dass Wilhelm nicht der geeignete König ist, um das zersplitterte Deutsche Reich zu einen. Er denkt: Wilhelm muss zur Seite geschafft werden! Baden-Baden ist die Stadt seiner Wahl – nirgendwo anders kann man Wilhelm so nah kommen. Und tatsächlich, er läuft nur wenige Meter vor Oskar. Mutig überholt Becker den König, der nur von einem Minister begleitet wird. Er grüßt die beiden Herren freundlich mit dem Hut. Damit ist er sich ganz sicher: Das muss Wilhelm I. sein. Noch zögert er. Er verlangsamt seine Schritte, bleibt stehen und lässt den König vorbeiziehen. Ein Schritt, zwei Schritte, drei Schritte ... dann endlich folgt, was Becker sooft in Gedanken geübt hat: Er zieht seine Pistole, zielt von hinten auf Wilhelm und drückt ab. Zweimal. Doch Becker verfehlt sein Ziel: Die erste Kugel schlägt in einem Baum ein; die zweite zerreißt den Kragen des Gehrocks, nicht aber den König ... Menschen aus allen Richtungen eilen herbei und werfen den Attentäter zu Boden. Oskar Becker wehrt sich nicht, er gesteht seine Tat noch an Ort und Stelle.

Der junge Attentäter wird zu 20 Jahren Haft verurteilt, aber schon nach fünf Jahren von Wilhelm selbst begnadigt. Und der König? Er setzt seinen Spaziergang nach einer kurzen Rast im Hirtenhäuschen fort ...

Kennst du die Malerin Paula Modersohn-Becker? Sie war die Nichte von Oskar Becker!

Tipp

Am Ende der Lichtentaler Allee (in ca. 1 km) findest du den ***Dschungelspielplatz*** *und das* ***Kloster Lichtenthal*** *(→ S. 122). Hier gibt es ein schönes Café ... und einen Bus, der dich wieder in die Stadt zurückbringt.*

Seitlicher Eingang zur Trinkhalle *(→ S. 83)*

Tour 5

Museums-Tag

Du bist an Kunst interessiert? Dann findest du hier bestimmt ein Museum, das dir gefällt!

In den Häusern an der „Museumsmeile“ (1–4) kannst du viele unterschiedliche Kunstepochen und -arten erleben – schon von außen beim Vorbeilaufen. Im Muße-Literaturmuseum (5) wird Literatur zum multimedialen Abenteuer. Um Musik geht es im Brahmshaus (9) und natürlich im Toccarion (6). Hier kannst du selbst Hand anlegen, ebenso wie in der Welt der kleinen Eisenbahnen (7). Mal eben nach Mexiko entführt dich das private Frida-Kahlo-Museum (8).

Unsere „Haltestationen“:

Museumsmeile

Museumsmeile

1. Stadtmuseum im Alleehaus

Das historische Gedächtnis der Stadt

Stadtmuseum im Alleehaus

Ein Spaziergang durch „Zeit-Räume"

Lichtentaler Allee 10

- *keine Parkplätze vorhanden*
- *Parkhäuser: Kurhausgarage, Kongresshausgarage*

Öffnungszeiten:
Di–So: 11–18 Uhr
(außer 24.12./25.12./31.12./01.01.)

Eintritt:
Erwachsene: 5€
Kinder bis 6 Jahre: frei
Kinder ab 7 Jahren: 2€
Familien: 9€

- ***Audio-Guide** an der Kasse und online unter smbb.currit.net*
- ***3D-Rundgang** unter www.stadtmuseum-baden-baden.de*
- ***Info/Führungen***
  Tel. 07221 932272
  www.stadtmuseum-baden-baden.de

!

Auf eigene Faust

Du kannst das gesamte Haus selbstständig erkunden. Unterstützung findest du im kostenlosen Audio-Guide, der dir zu vielen Ausstellungsstücken erzählt, was wichtig ist.

Seit wann laufen Pferde auf einem Tisch? Und wieso entscheiden sie, ob jemand vor Glück aufspringt oder vor Kummer im Erdboden versinken will?

Die Lösung steht in jenem Raum des Stadtmuseums, der dem ***Glücksspiel*** gewidmet ist: der große Tisch mit dem historischen ***Pferde-Roulette***. Angetrieben von einer Handkurbel, jagen 18 Pferde im Kreis, bis die Roulette-Kugel bei einem von ihnen zum Liegen kommt. Wer seine Spielsteine (und damit sein Geld) auf die Zahl bzw. Eigenschaft dieses „Sieger"-Pferdes gesetzt hat, ist Spiel-Gewinner.

Wie im nahegelegenen Iffezheim bestimmen hier Pferde, wer siegt.

So wie in diesem „Spielbankzimmer“ wird auch in den anderen Räumen Stadtgeschichte lebendig: Im Raum ***„Badekultur“*** erfährst du zum Beispiel, wie die Kurgäste einst im Badezuber gesessen und ihre Zeit verbracht haben und welche Aufgaben ein Bader hatte.

Die riesige Reisetruhe der Großherzogin Stéphanie von Baden (im Raum ***„Weltbad“***) macht klar, mit wie viel Gepäck „frau“ früher reiste und wie ausladend-stoffreich das Outfit von damals war. Kuren hieß im 19. Jahrhundert nämlich eher in Gesellschaft baden als im Wasser …

Im Obergeschoss „gehst du mit der Zeit“ – hier kannst du die Geschichte unserer Stadt in einzelnen „Zeit-Räumen“ erleben: von den ***Römern*** (in Raum „aquae“) bis zur ***Gegenwart*** (in Raum „1900–2000“). Damit aber nicht genug: ***Wechselnde Sonderausstellungen*** bringen immer wieder neue Themen ins Haus. Ein Blick auf die Internetseite lohnt sich also!

QUIZ?

Hast du die Trinkbecher im Raum „Badekultur“ gesehen?

Wer eine Trinkkur machte, trank aus ihnen schluckweise das Baden-Badener Heilwasser. Warum, denkst du, sind sie so flach?

Flach konnten sie besser in die Tasche gesteckt und mitgenommen werden.

Museumsmeile

2. Museum Frieder Burda

Es lebe die Malerei!

- privates Kunstmuseum mit ca. 1.000 m² Ausstellungsfläche, 2004 eröffnet
- gestiftet und betrieben von der Stiftung des Baden-Badener Unternehmers und Kunstsammlers Frieder Burda (1936–2019)
- Architekt: Richard Meier (geb. 1934)
- die Sammlung Frieder Burda umfasst über 1.000 Kunstwerke – vor allem Bilder der klassischen Moderne sowie deutscher Expressionisten, amerikanischer Expressionisten und zeitgenössischer Künstler

Museum Frieder Burda

Das „Juwel im Park"

Lichtentaler Allee 8b

- *keine Parkplätze vorhanden*
- *Parkhäuser: Kurhausgarage, Kongresshausgarage*

Öffnungszeiten:
Di–So: 10–18 Uhr, auch feiertags (außer 24.12./31.12.)

Eintritt:
Erwachsene: 14€
Kinder bis 12 Jahre: frei
Kinder ab 13 Jahren: 5€
Familien: 27€
Kombikarte mit Staatlicher Kunsthalle: 18€, ermäßigt 14€

- ***Audio-Guide*** *für 5€ an der Kasse erhältlich*
- ***Kreativheft „Frieder"*** *kostenfrei für Kinder jeder Altersstufe*
- ***Öffentliche Führung:*** *Samstag, Sonn- und Feiertage um 11 und 15 Uhr*
- ***Familienführungen:*** *auf Anfrage*
- ***Angebote für Kinder:*** *→ (!) Infokasten*
- ***Weitere Informationen***
  Tel. 07221 398980
  www.museum-frieder-burda.de

Schon die ***Architektur des Hauses*** ist ein Hingucker. Sie verbindet Kunst und Raum: außen wie innen. Und sie fügt sich gut in die historische Umgebung ein. Das war an dieser Stelle der Lichtentaler Allee besonders wichtig. Dafür wurde der amerikanische Architekt, ***Richard Meier***, mit mehreren Preisen ausgezeichnet.

Die Architektur des Museums ist klar und doch verspielt, sie lebt von Vor- und Rücksprüngen und spielt mit dem Kontrast zwischen Verglasung und weißen Außenplatten.

Von ***innen*** sorgen die großen Fensteröffnungen für viel ***Tageslicht*** – das wichtigste „Baumaterial". Es beleuchtet die Kunstwerke – je nach Wetter und Jahreszeit – unterschiedlich und sehr lebendig. Das würde künstliches Licht niemals schaffen! Und: Durch die Fenster sieht man „gerahmt" in den Park und in den Himmel hinaus. Die eigenen Ausblicke werden sozusagen „Bilder für sich".

Durch das Gebäude führt eine ***großzügige Rampenanlage***. Wie Schiffsstege verbindet sie die Ausstellungsebenen, auf der die Kunstwerke gezeigt werden. Drei Mal im Jahr wechselt das Programm, so dass immer wieder neue Bilder, Skulpturen oder Fotografien zu sehen sind. Manchmal werden dabei auch Kunstwerke, die Frieder Burda gesammelt hat, mit Leihgaben anderer Museen und Künstler kombiniert. So erscheinen die Sammlungsstücke in einem anderen Zusammenhang und fordern den Betrachter immer wieder zu einem „neuen Blick" heraus. Über eine gläserne Brücke kannst du die Staatliche Kunsthalle im Nebenbau erreichen.

Angebote für Kinder

Kunstwerkstatt (Lichtentaler Straße 64)
Hier kannst du große Kunst erleben durch Selbst-Probieren. Und das unter fachkundiger Anleitung. Die Kunstwerkstatt bietet zu jeder Ausstellung ein attraktives Begleitprogramm, aber auch regelmäßig stattfindende Nachmittagskurse.

Aktuelle Termine unter: 07221 398-330
www.museum-frieder-burda.de/kunstwerkstatt

QUIZ?

Welche geometrische Form haben die weißen Platten, die die Außenwand des Museums Frieder Burda bilden?

Rechtecke. Sie nehmen Form und Größe der Steinquader auf, aus denen die Fassade der nebenliegenden Staatlichen Kunsthalle errichtet ist. Damit wird die enge Beziehung der Häuser zueinander betont.

Museumsmeile

3. Staatliche Kunsthalle

Internationale Gegenwartskunst

Staatliche Kunsthalle

Ein Tempel für zeitgenössische Kunst und Künstler

Lichtentaler Allee 8a

- *keine Parkplätze vorhanden*
- *Parkhäuser: Kurhausgarage, Kongresshausgarage*

Öffnungszeiten:
Di–So: 10–18 Uhr, auch feiertags (außer 24.12./31.12.)

Eintritt:
Erwachsene: 7€
Kinder bis 7 Jahre: frei
Kinder ab 8 Jahren: 3€
Familien: 11€
Freitag: freier Eintritt
Kombikarte mit Museum Frieder Burda: 18€, ermäßigt 14€

- ***Begleitheft** kostenlos an der Kasse erhältlich*
- ***Öffentliche Führung:** Sonntag 14 Uhr*
- ***Angebote für Kinder:** → (!) Infokasten*
- ***Café Kunsthalle***
  Tel. 07221 392000
  www.cafe-kunsthalle.de
- ***Weitere Informationen***
  Tel. 07221 30076400 und -444
  www.kunsthalle-baden-baden.de

- *staatliches Kunstmuseum, 1907–09 errichtet in Formen des Jugendstils nach Plänen von Hermann Billing*
- *Kunst am Bau: z.B. Installation aus zwei rechteckigen Stahlplatten (Richard Serra, 1978)*

Stall oder Tempel? Um das Aussehen des Gebäudes wurde vor 100 Jahren viel gestritten. Seine Gegner fanden das Äußere zu schlicht. Sie wollten etwas „Bedeutenderes", so etwas wie die Hotel-Paläste der Umgebung mit ihren prächtigen Fassaden. Die Kunsthalle ist hingegen von vornehmer Zurückhaltung. Damit war sie ihrer Zeit damals weit voraus. Sie ist durch und durch ein ***Tempel für die Kunst*** – und das auch von außen!

Einige Stufen musst du schon hinaufsteigen, um in den Kunst-Tempel zu gelangen. Aber das lohnt sich! Im Erdgeschoss ist sogar das Café ein Kunstwerk, und auch das Großraumbüro, in dem du die Mitarbeiter des Museums bei ihrer Arbeit beobachten kannst.

→ Baustil-Runde S. 49

Zwei ***„Sphinxe“*** *scheinen den Tempel zu bewachen: die steinernen Figuren von „Malerei“ (mit Palette) und „Bildhauerei“ (mit Hammer) – links und rechts der Treppe.*

Im großen Hauptgeschoss darüber finden die eigentlichen Ausstellungen statt: immer mit neuen Werken und Künstlern. Und immer noch in den originalen Räumen – auch sie waren ihrer Zeit weit voraus: Das Licht sowie die Größe und Anordnung der Räume sind bis heute der ideale Rahmen für Kunstwerke und ihre Betrachter.

!

Angebote für Kinder

Workshops je nach Ausstellung.
Aktuelle Termine unter:
Tel. 07221 30076400
www.kunsthalle-baden-baden.de

QUIZ?

Siehst du die gelb-rote Lichtinstallation rechts vom Eingang?
Sie hat der Künstler Dan Flavin den Bürgern der Stadt gewidmet („To the People of Baden-Baden“, 1989). Was haben die Farben rot und gelb mit Baden-Baden zu tun?

Es sind die Farben des badischen Wappens.

4. Museum LA8

Das 19. Jahrhundert – voller Erfindungen

MUSEUM LA8

Museum für Kunst und Technik des 19. Jahrhunderts

Lichtentaler Allee 8

- *keine Parkplätze vorhanden*
- *Parkhäuser: Kurhausgarage, Kongresshausgarage*

Öffnungszeiten:
Di–So: 11–18 Uhr, sowie an allen Feiertagen (außer 24.12./31.12.)

Eintritt:
Erwachsene: 9€
Kinder bis 12 Jahre: frei
Kinder ab 13 Jahren: 5€
Familien: 18€

- ***Öffentliche Führung:*** *Sonntag 15 Uhr*
- ***Familienführung:*** *jeden ersten Sonntag im Monat um 14 Uhr*
- ***Angebote für Kinder:*** *→ (!) Infokasten*
- ***Weitere Informationen***
  Tel. 07221 9954586
  https://la8.de

- *das Museum ist Teil des Kulturzentrums LA8 (u.a. mit Veranstaltungsräumen und dem Schachzentrum Baden-Baden)*
- *gestiftet und betrieben von der Stiftung des Baden-Badener Unternehmers Wolfgang Grenke, 2009 eröffnet*

LA8 – was ist denn das für ein Name? Es ist schlicht die Abkürzung für „Lichtentaler Allee 8“. Ursprünglich wurde es von all denen verwendet, die hier mit dem Um- und Neubau des Hauses zu tun hatten: Architekten, Bauleiter usw.

Erst im Hinterhof tut sich die große Glasfront auf, die zum neu gebauten Museum gehört. Durch sie fällt viel Licht in die hohen, halbrunden Innenräume. ***„Kunst und Technik“*** kommen hier in der Architektur zusammen! Auch sonst haben „Kunst und Technik“ viel gemeinsam. Das hat das LA8 in vielen Ausstellungen gezeigt. Dass uns gerade das 19. Jahrhundert – mit all seinen Fragen und Antwortversuchen – noch immer sehr nah ist, kannst du hier erleben:

HEILENDE KUNST.
Wege zu einem besseren Leben
4. Mai 2024–12. Januar 2025

Nach dieser Ausstellung wird das LA8 ein großes Informationszentrum, in dem du alles zu unserem Welterbe erfahren kannst.

!

Angebote für Kinder

Passend zur aktuellen Ausstellung finden in der sog. Museumspädagogik, einem eigenen Gebäude rechts vom Museum, verschiedene ***Workshops*** statt: Hier können Kinder (z.T. auch Eltern und Großeltern) kleine Kunstwerke aus verschiedenen Materialien gestalten. Dauer: ca. 2,5 Stunden.

Aktuelle Termine unter: Tel. 07221 9954586
*https://la8.de/*museum/vermittlung

QUIZ?

Im Logo des Museums siehst du eine besondere Form.

Kannst du dieses Halbrund irgendwo am Gebäude wiederfinden?

MUSEUM LA 8 BADEN-BADEN

Die blaue Fläche ist die Grundfläche des Museums – aus der Vogelperspektive betrachtet.

5. Muße-Literaturmuseum

Mehr als ein Museum!

Muße-Literaturmuseum

Baden-Baden in der Weltliteratur – Die Welt der Literatur in Baden-Baden: innovativ, multimedial und mußevoll …

Luisenstraße 34

- *Parkhäuser: Wagener Galerie, Kurhausgarage*

Öffnungszeiten:
Di–Fr: 10–18 Uhr, Sa: 10–14 Uhr

Eintritt: *frei*

- ***Öffentliche Führung:*** *mehrmals im Monat, auf Anfrage auch für (Schüler-) Gruppen*
- ***Audio-Guide:*** *(für Hörbeispiele) an der Kasse für 5€ erhältlich*
- ***Audio-Tour:*** *(durch die einzelnen Stationen) unter mlbad.pwa.tonwelt.com oder QR-Code scannen:*

- ***Weitere Informationen:***
  Tel. 07221 932260
  www.baden-baden.de/stadtbibliothek/musse-literaturmuseum

Wo Bücher und ihre Geschichte(n) gesammelt werden, da sollen sie auch „aufbereitet" und „ausgestellt" werden. Diese Idee ist „in den Raum" umgesetzt: Auf drei Etagen verteilt findest du einzelne Museums-Stationen kreativ in Bücherwände integriert, als Nischen und Sitzecken gestaltet oder zu ganzen Themenräumen ausgebaut.

Da alle Stationen in sich abgeschlossen sind, spielt es keine Rolle, wo du deine Tour beginnst. Sie bietet dir in jedem Fall 18 unbekannte und ungewöhnliche Sichtweisen auf unsere Stadt: Du erfährst z. B. von Kriminalfällen, mächtigen Nasen, Badelust und Badefrust oder Schwarzwälder Misthaufen und Meistern der Faulheit – ein Flyer mit der Themenübersicht hilft bei der Wahl.

Hier kann man chillen ...

Überall kannst du dich durch die Zeit blättern, dich in Themen und Texte einhören, bewegende Lebensgeschichten „begreifen“, Verborgenens „entdecken“ und den vielen Lese- und Schauanregungen mit Wonne nachgeben.

Kurz: In diesem Angebot darfst du dich getrost verlieren. Denn nur wer das tut, erlebt selbst, was Muße meint: in einem „erlesenen“ Augenblick zu verweilen ... einfach weil er so schön ist.

... entdecken ...

... und sich versenken.

QUIZ?

Warum stand die Schreibmaschine Reinhold Schneiders auf dem Kachelofen?

A) Warme Finger tippten besser.
B) Das war die richtige Höhe, um im Stehen zu arbeiten. Schneider war über 2 Meter groß.
C) Ihr Anschlag war bei Wärme deutlich leiser – auch für Schneiders Nachbarn von Vorteil.

Antwort B ist richtig.

Tipp

Handy-Rallye?!

Interaktiv durchs Museum? Klar! Du hast neun Touren zur Auswahl. Einfach QR-Code an den Stationen scannen und loslegen (Dauer ca. 10–15 Minuten).

6. Toccarion

Musik spielend begreifen

TOCCARION

Die unglaubliche Kinder-Musik-Welt der Sigmund Kiener Stiftung im Festspielhaus Baden-Baden

Beim Alten Bahnhof 2

- *Parkhaus: Festspielhausgarage*

Achtung:
Das TOCCARION kannst du nur (!) mit einer Führung, einem Workshop oder einer Veranstaltung besuchen. Ein Besuch wie in einem Museum ist nicht möglich.

- ***360°-Rundgang:*** *www.toccarion.de/360-rundgang*
- ***Familienführung:*** *→ (!) Infokasten*
- ***Angebote für Kinder:*** *→ (!) Infokasten*
- ***Info und aktuelle Termine:*** *Tel. 07221 3013-185 www.toccarion.de*

Das Festpielhaus / Alter Bahnhof

- *was heute der Eingang zum Festspielhaus ist, war früher der Bahnhof (1892–94 errichtet) – ein innen und außen prachtvoll gestaltetes Empfangsgebäude für die ankommenden Kurgäste. Bis zur Stilllegung der Strecke (1977) endeten hier Zubringerzüge vom Bahnhof Oos wie auch durchgehende Fernverkehrszüge*
- *mit dem Anbau von Bühnenturm und Zuschauerraum wurde 1995–98 das heute größte Opernhaus Deutschlands (mit 2.500 Plätzen) geschaffen. Architekt war Wilhelm Holzbauer*

Du wolltest schon immer mal die erste Geige spielen oder ein Orchester dirigieren? Oder ausprobieren, wie man einen Kontrabass hält oder eine Harfe zupft? Fast alle gängigen ***Musikinstrumente*** können hier von dir entdeckt und ausprobiert werden. Und das in wahrhaft fürstlichen Räumen: Das TOCCARION ist im Fürstentrakt des ***Alten Bahnhofs*** (*siehe oben*) untergebracht.

Die Welt der Musik hat aber noch mehr zu bieten: Werde z. B. Rhythmus-Komponist und erstelle deine eigenen Soundbausteine; erfahre, wie Farbe und Musik zusammenhängen und tanze im Metrum. Das alles funktioniert durch modernste Technik – und dich!

Und wer herausfinden möchte, wie ein Klang entsteht, der kann die Erzeugung von Tönen an verschiedenen Riesen-instrumenten (oder der eigenen Stimme) erkunden.

*Für das **Walking Piano** braucht man schon mal die Sprungkraft von sechs Beinen.*

Angebote für Kinder

- ***Familienführung***: Für Kinder ab 5 Jahren und ihre erwachsenen Begleiter, Samstag 14 Uhr und Sonntag 11 Uhr (Dauer: 2 Stunden, Preis 3€ pro Kind/5€ pro Erwachsener). Zusammen mit Musiklotsen geht es durch die unterschiedlichen Musik-Stationen. Dabei kannst du zum Beispiel verschiedene Instrumente ausprobieren, Rhythmusspiele mit dem ganzen Körper erleben und „Ermittlungen" zur menschlichen Stimme anstellen.
- ***Abenteuer TOCCARION***: Eine musikalische Schatzsuche für Kinder von 5–12 Jahren – ohne Eltern, aber mit viel Spaß. Einmal im Monat (Dauer: 2 Stunden, Preis: 3€ pro Kind).
- ***Workshops***: mit wechselnden Themen für Kinder verschiedener Altersstufen oder auch für die ganze Familie (Dauer: 1–2 Stunden, Preis: 5–15€).
- ***Ferienprogramm***: Spannung über mehrere Tage, natürlich rund um das große Thema Musik. Teilnahme auch tageweise möglich (6 Stunden, 25€ pro Kind inkl. warmem Mittagessen und Getränken).

Aktuelle Termine und Tickets unter: Tel. 07221 3013-185
www.toccarion.de/tickets

QUIZ?

Findest du diese geflügelten Räder an der Fassade des Gebäudes?

Sieh mal Richtung Dach-kante. Kreuze an, was richtig ist: Dieses Motiv verweist auf die ursprüngliche Nutzung des Hauses als

- Kostümfabrik ☐
- alte Baumwoll-spinnerei ☐
- ehemaliger Stadt-bahnhof ☐

Das Festspielhaus war früher der Bahnhof der Stadt.

7. Miniaturwelt mit Sima's Café

Staunen – Spielen – Genießen

Miniaturwelt mit Sima's Café

Eisenbahnen für Groß und Klein

*Hermannstraße 9/
Ecke Balzenbergstraße*

Öffnungszeiten:
Do–Fr: 13–18 Uhr
Sa–So: 11–18 Uhr

Eintritt:
Erwachsene: 6€
Kinder 1 bis 2 Jahre: 3€
Kinder 3 bis 14 Jahre: 4€
Familien (2 Erw. + 2 Kinder): 18€

- ***Weitere Informationen***
  Tel. 07221 9711532
  www.miniaturwelt-baden-baden.de

Wer würde in einem Wohnviertel ein Museum vermuten?

Erkennst du dieses Gebäude wieder? Das ist der Alte Bahnhof in seiner ursprünglichen Funktion (→ S. 112), als Modell nachgebaut.

Anschauen, entdecken und selber fahren – all das ist in dieser kleinen ***Welt der HO-Eisenbahn*** möglich. Und das Beste: Dank ausgetüftelter Kameraführung wirst du zum Lokführer und erlebst, wie es durch Tunnel, Bahnhöfe und Dörfer geht.

In fünf großen Schaukästen sind verschiedene Themenwelten bis ins kleinste Detail nachgebildet. Du kannst sie ganz einfach zum Leben erwecken: Kopfhörer ans Ohr, Sound auswählen und live dabei sein, wenn z.B. die Band auf der Open-Air-Bühne auftritt, die Feuerwehr ausrückt, ein Baum gefällt wird oder ein kleiner Junge seine Eltern sucht.

Fast überall bewegt sich was oder kann in Bewegung gesetzt werden. Egal, wie groß du bist: Du kannst immer am Leben in den Vitrinen teilnehmen – von oben oder von der Seite. Allerdings nur die Kleineren unter euch werden wohl die versteinerte Lokomotive im Berginneren finden ...

Neben den fertigen Modellen gibt es verschiedene Spielstationen, eine Kameralok zum Mitfahren und einen Spieltisch mit ferngesteuerten Zügen für die Kleinen. Im Café vor dem Ausstellungsraum dürfen die Eltern dann auch in aller Ruhe alleine Kaffee und selbstgemachten Kuchen genießen.

QUIZ?

Was glaubst Du? Wie viele Miniaturfigürchen sind im Kirmes-Modell rechts vom Eingang verbaut?

A) 300 **B)** 1.000 **C)** 75

Antwort B ist richtig.

8. Kunstmuseum Gehrke-Remund

Ein bisschen Mexiko in Baden-Baden

Kunstmuseum Gehrke-Remund

Frida Kahlo (1907–54)

Güterbahnhofstraße 9

Öffnungszeiten:
Mi–So: 11–17 Uhr

Eintritt:
Erwachsene: 13 €
Jugendliche ab 14 Jahren: 11 €

- ***Begleit-Katalog*** *kostenlos/leihweise an der Kasse erhältlich.*
- ***Weitere Informationen***
  Tel. 01525 5633001
  www.kunstmuseum-gehrke-remund.org

Frida Kahlo: Sie hat viele Bilder von sich selbst gemalt: ein ernstes Gesicht, nicht immer hübsch, aber ausdrucksstark, mit großem Schmuck im Haar und bunten Kleidern.

In den Räumen dieser kleinen Ausstellung gehst du wie durch das Leben der Künstlerin: Bett, Kleidung, Töpfe und andere Alltagsgegenstände bilden das ***„Blaue Haus“*** in Mexiko nach, das der Lebensmittelpunkt von Frida und ihrer Familie war. In den ausgestellten Gemälden hörst du sie sogar selbst erzählen, wie sie sich gerade fühlt und über was sie gerade nachdenkt: Das Begleitheft ist als Ich-Erzählung verfasst. Außerdem berichten dir viele Fotos und Filme – zum Teil sehr drastisch – von Tragödie und Triumph der mexikanischen Künstlerin.

Das Besondere: Alle Gemälde sind Repliken, also gemalte Kopien, die von Künstlern handgefertigt wurden, um in Baden-Baden ausgestellt zu werden. Auch manch andere Ausstellungsgegenstände sind keine Originale, sondern nur „in der Machart von“. Sie sind trotzdem toll – und ersparen dir eine Reise nach Mexiko. Praktisch, oder?

QUIZ?

Was hat Baden-Baden mit Frida Kahlo zu tun?

A) Ihr Vater wohnte als Kind in Baden-Baden.
B) Fridas auffallender Schmuck stammt aus Baden-Baden.
C) Mexiko-Stadt ist Partnerstadt von Baden-Baden.

Antwort A: Fridas Vater kam mit 4 Jahren von Pforzheim nach Baden-Baden, wanderte aber schon mit 18 nach Mexiko aus. Viele Pforzheimer Schmuckfabrikanten unterhielten dorthin Handelsbeziehungen.

9. Brahmshaus

Guten Abend, gut' Nacht ...

Brahmshaus

Das weiße Haus auf dem Hügel

Maximilianstraße 85

Öffnungszeiten:
Mo, Mi, Fr: 15–17 Uhr,
So und Feiertage 10–13 Uhr

Eintritt:
Erwachsene: 5€
Kinder bis 15 Jahre: frei

- ***Angebote für Kinder und Jugendliche:*** *Führungen und ein Quiz (an der Kasse) laden zum Erkunden des Hauses ein.*
- ***Informationen und Führungen:***
  Tel. 07221 99872
  www.brahms-baden-baden.de

Dieses Lied ist in der ganzen Welt bekannt! Aufgeschrieben und vertont hat es der damals noch junge Komponist ***Johannes Brahms*** – unter anderem 1872 im Dachgeschoss dieses Hauses, in dem er viele Jahre lang die Sommermonate (1865–76) verbrachte. Er, der nie Familie hatte, wohnte hier bescheiden zur Miete in zwei kleinen Zimmern. Sie sind – wie das gesamte Haus und Grundstück – im Original erhalten und zu besichtigen.

Für Brahms waren die kleinen Zimmer behaglich. Er war kein Mensch, der sich gern in Schale warf und große Einladungen gab. Er liebte seine Freiheit, die langen Spaziergänge in der Lichtentaler Allee und die Nähe zu seinen Künstlerfreunden – allen voran zu Clara Schumann, Kollegin und lange Zeit beste Freundin, die ebenfalls für einige Zeit in Baden-Baden wohnte.

Dieser junge Mann ertrug einfach keine „falsche" Musik: Unterwegs mit Freunden in der Lichtentaler Allee hörte Brahms aus einem offenen Fenster, wie eine Sängerin am Klavier ein Lied übte. „Madame, das Tempo ist falsch!", rief Brahms und sprang kurzerhand durchs offene Fenster zur Frau am Flügel. Beherzt griff Brahms nun selbst in die Tasten, spielte das Stück im „richtigen" Tempo und verließ den Salon wieder auf demselben Weg, wie er gekommen war.

Wie das Leben des jungen Brahms in Baden-Baden konkret aussah, erfährst du im Erdgeschoss des Hauses. Neben dem Museum ist im Brahmshaus auch ein „Gästestudio" untergebracht – eine komplett ausgestattete Wohnung, in der Wissenschaftler, Künstler und Studenten rund um Brahms musizieren und forschen können.

!

Vierundsechzig

Sogar die Anzahl der Treppenstufen hat hier mit Brahms zu tun: 49 von der Straße bis zum Haus, 15 im Haus bis zum Dachgeschoss. Zusammen ergeben sie das Lebensalter des Komponisten.

QUIZ?

Die erste Strophe des von Brahms vertonten Wiegenlieds lautet:

Guten Abend, gut' Nacht,
mit Rosen bedacht,
mit Näglein besteckt,
schlupf unter die Deck.
Morgen früh, wenn Gott will,
wirst du wieder geweckt.

Was ist mit dem altdeutschen Wort „Näglein" gemeint?

Nelken ☐ Nägel ☐ gute Träume ☐

Nelken. Das intensive Aroma der Gewürznelken nutzte man früher, um Ungeziefer und Krankheitserreger fernzuhalten. Mit einem „Dach aus Rosen" und dem Duft der Nelken wünschte man dem Kind also eine gute (= geschützte) Nacht.

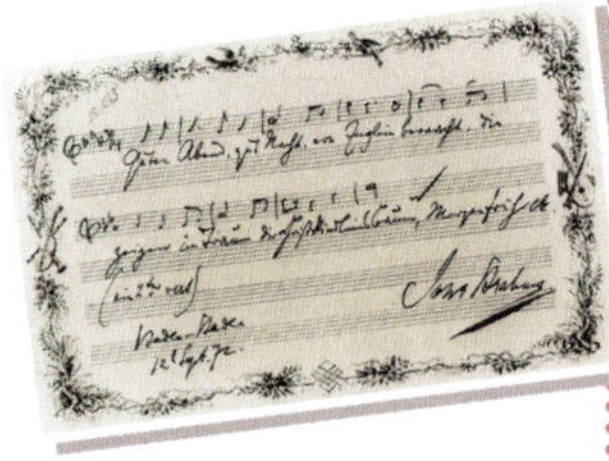

Der alte Brahms in der Lichtentaler Allee

Unerreichbar – der ehemalige Eingang zum Rittersaal im Alten Schloss (→ S. 130)

Tour 6

Extra-Touren

Auf unseren Touren durch die Innenstadt hast du vieles kennengelernt, das du prima zu Fuß erreichen konntest. Unsere nächsten vier Ziele liegen etwas außerhalb der Altstadt. Zu ihnen kommst du am besten mit Fahrrad, Bus oder Auto, und auf den Merkur kannst du sogar mit der Bergbahn hochfahren.

Unsere „Haltestationen":

1. Kloster Lichtenthal → S. 122
2. Merkur → S. 125
3. Paradies → S. 128
4. Altes Schloss → S. 130

1. Kloster Lichtenthal

Kloster Lichtenthal

In sich abgeschlossen und doch weltoffen!

Hauptstr. 40, 76534 BAD-Lichtental

Anfahrt / Parken:

- ***Auto:*** *auf der B 500 durch den Michaelstunnel, danach 1. Ampel rechts*
- ***Bus 201,*** Ⓗ *Lichtental Klosterplatz*

Öffnungszeiten:

- ***Klosterkirche:*** *i.d.R. werktags 9–12:30 Uhr und 14:30–ca. 17 Uhr*
- ***Fürstenkapelle und Museum:*** *nur mit Führung (Mi, Sa, So: 15 Uhr)*
- **Buch- und Kunsthandlung:** Mo: 13:30–17:30 Uhr, Di–Sa: 9:30–12:30 Uhr und 13:30–17:30 Uhr
- ***Café Lumen:*** *Mi–So: 11–18 Uhr*
- ***Info / Führungen*** *Tel. 07221 504910 (Pforte) www.abtei-lichtenthal.de*

- *1245 von Markgräfin Irmengard von Baden gegründet*
- *Konventbau und Abteigebäude: anstelle der alten Fachwerkgebäude um 1728–31 von Peter Thumb im Barockstil erbaut*
- *Fürstenkapelle: 1288 als Grablege für das badische Fürstenhaus errichtet, 1830 erhält die Fassade ihr gotisches Aussehen, u.a. mit drei Sandsteinfiguren aus dem säkularisierten Kloster Allerheiligen (→ S. 141)*
- *Klosterkirche: Der romanische Gründungsbau erhält um 1300 seinen gotischen Ostchor, mehrfache Umbauten im Laufe der Zeit, 1968 fertigt Emil Wachter die Glasfenster*

Durch dieses Portal gelangst du in den schönen Innenhof der Anlage.

Dieses Kloster wird seit mehr als 775 Jahren ohne Unterbrechung von den Nonnen des ***Zisterzienser-Ordens*** bewohnt und bewirtschaftet. Früher lebten sie von der Landwirtschaft, heute arbeiten sie als Lehrerinnen in der Grundschule, in den Kunstwerkstätten und natürlich rund um Kirche und Kloster. Ihre Arbeiten aus dem Kerzenatelier oder der Schreibwerkstatt (***Skriptorium***) sind sehr bekannt.

Wo gibts's denn sowas – oder wie aus links kurzerhand rechts wurde

Der Fluss war früher die Grenze zwischen zwei Bistümern und verlief gerade. Die Erlaubnis zum Bau eines neuen Klosters erteilte nur das Bistum auf der rechten Fluss-Seite. Die Stelle aber, an der das Kloster errichtet werden sollte, lag auf der linken Seite! So kam es, dass der Fluss einfach umgelegt wurde.

Jetzt konnte das Kloster auf dem „rechten" Platz errichtet werden. Und der stand schon lange fest: Bereits der Gründer des Zisterzienser-Ordens, Bernhard von Clairvaux (1090-1153), hatte ihn ausgesucht. „In diesem lichten Tal will ich meinem Orden ein Kloster bauen", soll er ausgerufen haben, als er im Oostal Station machte. Aus dem „lichten Tal" wurde der Ortsteil „Lichtental" bzw. das Kloster Lichtenthal.

!

„C" oder „Z"?

Was ist denn jetzt richtig: Zisterzienser oder Cistercienser? Beides!
Die Schreibweise mit C ist die lateinische, die mit Z die eingedeutschte. Die Lichtenthaler Nonnen haben sich für das C entschieden.

QUIZ?

Wann wurde das Kloster gebaut?
Sieh mal vor dem Klosterportal nach, links neben dem Baum! Hier ist eine Zahl aus Pflastersteinen im Boden verlegt. Fülle die richtigen „Pflastersteine" aus, die dir das Erbauungsjahr verraten!

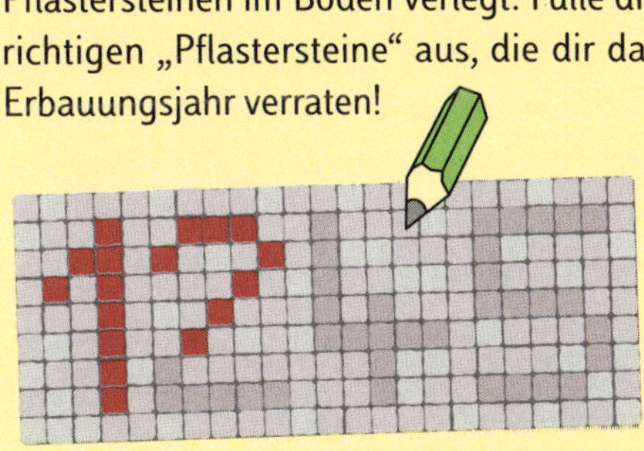

Das Kloster wurde 1245 erbaut.

Der Flößerhaken in der Mitte des Kreises ist das Symbol der Abtei Lichtenthal.

Wie eine ***kleine Stadt*** wird die Klosteranlage von einer Wehrmauer umgeben. Den Kern bilden die Klostergebäude. Ihnen gegenüber liegen die ehemaligen Verwaltungs- und Wirtschaftsgebäude (heute u.a. Buch- und Kunsthandlung, Gästehäuser, Wohnungen). In dieser Abgeschlossenheit war alles vorhanden, um eigenständig leben zu können.

Auf dieser alten Zeichnung siehst du links die Klosterkirche und rechts die Fürstenkapelle.

Das Besondere an diesem Kloster?

1. Es gibt gleich ***zwei Kirchen***: Die Klosterkirche und die Fürstenkapelle. In der ***Klosterkirche*** durfte – so will es die Ordensregel – nur der Klosterstifter bestattet werden. Da das Kloster aber als Grablege für alle zukünftigen Markgrafen geplant war, wurde eine eigene ***(Fürsten-) Kapelle*** gebaut. Hier sind die Markgrafenfamilien bestattet worden. Ab dem 15. Jahrhundert wurden sie in der Stiftskirche in Baden-Baden beerdigt. Ab diesem Zeitpunkt sind im Kloster nur noch die Herzen der Markgrafen beigesetzt worden. Heute werden die Familienmitglieder des Hauses Baden meist in Salem bestattet.

2. Die Anlage ist ***erstklassig erhalten***. Und: Sie ist noch ***„in Betrieb“***. Daher gibt es z.B. in der Klosterkirche noch die Trennung zwischen dem Laienbereich unten (für alle Menschen zugänglich) und dem sog. Frauenchor auf der Empore (dieser Bereich ist den Ordensschwestern vorbehalten). Darum sei in der Kirche bitte möglichst still.

!

Kirchturm?

Findest du einen großen Kirchturm auf der Klosterkirche? Nein? Das gehört so. Der Orden der Zisterzienser verzichtet bewusst auf allen Schmuck. Sie leben so einfach wie möglich, um frei für Gott zu sein. Daher sitzt auf der Klosterkirche „nur" ein kleiner, unauffälliger Dachreiter – ganz typisch für Zisterzienser-Bauten.

Wusstest du? In der Fürstenkapelle gibt es eine alte Holzfigur: die Schlüsselmadonna. Sie hat angeblich Wunder gewirkt (🔊 *S. 152*).

2. Merkur

MerkurBergbahn Talstation

Mit der Bergbahn zum Gipfel

Merkuriusberg 2, 76530 Baden-Baden

Anfahrt/Parken:
- ***Auto:*** *über Bertholdplatz und Friedhofsstraße, Parkplätze an der Talstation*
- ***Bus 204, 205*** Ⓗ *Merkurwald*

Fahrzeiten:
täglich 10–22 Uhr im Selbstfahrbetrieb

Kartenverkauf und -preise:
Kiosk an der Talstation (nur zeitweise geöffnet), Fahrscheinautomaten an Berg- und Talstation
- *Berg- oder Talfahrt: 4,50 €*
  ermäßigt 3,50 €
- *Berg- und Talfahrt: 7 €*
  ermäßigt 3,50 €
- *Kinder bis 5 Jahre: frei*

Info:
Tel. 07221 277-650
www.stadtwerke-baden-baden.de

Merkurstüble auf dem Merkur

Öffnungszeiten:
täglich durchgehend von 10–21:30 Uhr

Info:
Tel. 07221 9709842
www.merkurstueble-baden-baden.de

- *der „Berg mit dem Turm“ ist 668 Meter hoch*
- *benannt nach einem (im 17. Jhd.) auf dem Gipfel entdeckten Weihestein für den römischen Gott Merkur*
- *Tal- und Bergstation sowie „Wartemöglichkeit“ Merkurbrunnen wurden 1912/13 im Jugendstil erbaut*

Merkur? Bei den Römern ist das der Gott des „rechten Augenblicks“, zuständig für alle Reisenden, Händler … und auch Diebe. In Baden-Baden ist das der ***Hausberg***, von dem du einen grandiosen Rundblick über die Stadt, den Schwarzwald, das Murgtal, die Rheinebene und die Vogesen hast.

Aber nicht nur das. Hier oben kann man essen gehen oder selber grillen, auf Liegestühlen chillen, auf dem Spielplatz rutschen und schaukeln oder Merkurs Würfel (→ ⓘ *Infokasten S. 127*) bestaunen.

Die Standseilbahn – eine geniale Idee

Auf den Hausberg Baden-Badens gelangst du nur zu Fuß oder mit der MerkurBergbahn. Sie ist eine der ältesten und längsten Standseilbahnen Deutschlands.

Die Talstation – von hier geht's gemächlich nach oben

Seit 1913 läuft sie wie am Schnürchen:

- zwei Wagen und ein 1.260 Meter langes Stahlseil
- an jedem Ende des Stahlseils hängt ein Wagen
- die beiden Wagen sind immer gleichzeitig unterwegs, stoßen aber niemals zusammen
- sie fahren stets gleich schnell
- sie benutzen dasselbe Gleis, und fahren doch aneinander vorbei
- sie klettern in ca. 5 Minuten 370 Meter hoch und brauchen trotzdem kaum Energie

Online-Tipp:
Wer's genauer wissen will: eine schematische Darstellung der sogenannten Abtschen Weiche.

Wer Glück hat, kann neben der Bergstation die „Schwarzwaldgeier" beobachten, wie sie mit ihren Gleitschirmen talwärts fliegen.

Der Merkur-Gipfel ist eine beliebte „Startrampe" für Gleitschirmflieger. Mutige können hier einen Tandemflug buchen (→ *S. 144*).
Wer – ohne zu fliegen – höher hinauswill, kann auf den ***Merkurturm*** (zugleich Sendeturm des SWR) steigen oder kostenlos mit einem Aufzug auf die Aussichtsplattform hochfahren.

Manchmal lohnt es auch, auf dem Boden zu bleiben: Im „rechten Augenblick" ist hier oben nämlich der Nikolaus oder der Osterhase anzutreffen, der jedes Jahr Tausende Ostereier versteckt.

Merkurs Würfel – eine geologische Zeitreise durch Baden-Baden

Neben dem Merkurturm kannst du echten Baden-Badener Ur-Gesteinen begegnen: Gesteinsarten, die bis zu 500 Millionen Jahre alt sind. Das ist etwas Besonderes! Denn die Steine, die die verschiedenen Erdzeitalter beschreiben, stammen alle aus der direkten Umgebung. Du brauchst also nicht auf andere Kontinente zu reisen, wenn du die Entwicklungsgeschichte unseres Planeten nachvollziehen möchtest: Sie lässt sich im Aufbau der Landschaft um das heutige Baden-Baden ablesen.
An den riesigen, auf die Wiese geworfenen Spielwürfeln hätte auch der römische Gott Merkur seine Freude gehabt: für den „rechten Augenblick" zuständig, ist er auch der Gott des Spiels.

Wildgehege-Rundweg

Start am Parkplatz der Merkur-Talstation

- *Länge 4 km, Dauer 1,5 Stunden, geringe Steigung, für Kinderwagen geeignet*

Mit ein wenig Glück siehst du im Wildgehege verschiedene Tiere, die in freier Natur sehr scheu sind (z.B. Rot- oder Damwild). Mit viel Glück kommen sie sogar an den Zaun. Je nach Jahreszeit sind in einem weiteren Gehege die Wildschweine mit ihrem Nachwuchs zu entdecken. Der Weg zum Wildgehege startet am Parkplatz der Talstation. Nach ca. 500 Metern beginnt der eigentliche Rundweg, der über die Marienkapelle am Eckberg (mit schöner Aussicht auf Lichtental) und das Waldcafé (Einkehrmöglichkeit, montags Ruhetag) zum Parkplatz zurückführt.

Tipp

Für heiße Tage

Beim Parkplatz in Richtung Wildgehege-Rundweg führt ein Weg nach rechts ab zur etwa 100 Meter entfernten Kneipp-Anlage.

Naturlehrpfad-Rundweg

Start an der Merkur-Talstation

- *Länge 5 km, Dauer 2 Stunden, mäßige Steigung, für Kinderwagen geeignet*

Ausgangspunkt ist das „Wanderportal Merkur" an der Talstation. An den 23 Stationen des Rundweges erfährt man eine Menge über den Wald und seine Bewohner.

3. Paradies

Paradies

Wasserkunstanlage

Das Paradies 6, 76530 Baden-Baden

Anfahrt / Parken:

- ***Auto:*** *an der Markgrafenstraße oder Richtung Merkurbahn auf der Friedrichshöhe beim Wasserreservoir*
- ***Bus 204*** *Ⓗ Kurfürstenstraße (Zugang von unten),*
  Bus 205 *Ⓗ Friedrichshöhe (Zugang von oben)*
- *www.paradies-baden-baden.de*

- *1922–25 von Max Laeuger aus Beton geschaffen. Teil einer großen Garten-Wohn-Anlage, zu der auch die symmetrisch angeordneten Villen seitlich der Wassertreppe gehören. Hecken und Baumreihen sind Teil des Gesamtkonzepts; ebenso die straßenbedingte Dreiteilung der Anlage*
- *Länge 300 m, Höhenunterschied 40 m*
- *ca. 30.000 l Wasser fließen die Stufen hinab. Eine Pumpe befördert das Wasser seitlich der Anlage wieder nach oben*
- *von Ende Oktober bis Ostern wird das Wasser abgelassen*

Das Wasser entspringt oben in der Grotte mit den Rundbögen und fließt von Schale zu Schale ganz nach unten.

Strömen, schwappen, laufen, tropfen, sprudeln …

Mit Worten lässt sich relativ einfach beschreiben, wie unterschiedlich Wasser fließen kann. Wie das aber in einem Kunstwerk „festhalten"?
Max Laeuger hat dazu einen Wasserfall angelegt und so dem „Fließen des Wassers" in all seinen verschiedenen Formen eine prächtige Bühne bereitet: Das Wasser entspringt an der Brunnengrotte ganz oben. Von dort plätschert es über verschiedene Becken und Kaskaden den Berg hinab und mündet in einen großen Drei-Schalen-Brunnen.

Das Thema Wasser hat auch einen anderen Künstler beschäftigt: den Dichter Conrad Ferdinand Meyer. Wie bei ihm das Wasser von einer Brunnenschale in die nächste fließt, kannst du in seinem Gedicht „Der römische Brunnen" (1882) auf einer eigenen, großen Schrifttafel in der Mitte der Anlage nachlesen.

An der Wassertreppe führen seitlich vie-ie-ie-le Stufen hinauf. Kleine Terrassen und Plätze laden dabei zum Pausieren ein. Und ganz oben gibt es sogar einen kleinen Spielplatz. Angekommen? Von hier oben hast du einen schönen Ausblick auf das Zentrum der Altstadt. Dort entspringt das Wasser, das für Baden-Baden so wichtig ist (→ *S. 24*).

QUIZ?

Erinnerst du dich, wie man die Treppenstufen in Baden-Baden nennt?

Hier oben erleben sie ihr Comeback

S _ _ _ _ _ _ _

Staffeln

!

Was ist Wasserkunst?

Wasserkunst – das meint die „künstliche" Führung und Hebung von Wasser, um z. B. Springbrunnen und Wasserfälle betreiben zu können.

Tipp

Von Max Laeuger stammt auch die Gönneranlage (→ S. 96).

4. Altes Schloss

Altes Schloss

Die Burg, die Baden seinen Namen gab

Alter Schlossweg 10, 76532 Baden-Baden

Anfahrt / Parken:

- ***Auto:*** *über Schlossbergtunnel und dann Alter Schlossweg erreichbar, Parkplätze vorhanden*

Öffnungszeiten:

- ***täglich***
- ***Besichtigung:*** *kostenlos*
- ***Info / Führungen:*** *www.altes-schlosshohenbaden.de*

Kiosk und Biergarten

Öffnungszeiten:

Küche 12–21 Uhr, Mo und Di Ruhetag
www.restaurant-altesschloss.de

- *12. bis 15. Jhd. Sitz der Markgrafen von Baden*
- *die Oberburg (= Hermannsbau und Bergfried) ist der älteste und höchst gelegene Teil der Anlage (spätestens ab Hermann II. im 12. Jhd. errichtet)*
- *die tiefer gelegene Unterburg entstand ab ca. 1400: Der große, mehrstöckige Wohnturm (mit „Rittersaal") ist Teil der von Markgraf Bernhard geschaffenen gotischen Schlossanlage (= Bernhardsbau); der Jakobsbau im Süden (im 15. Jhd. von Markgraf Jakob I. hinzugefügt) verbindet Ober- und Unterburg*
- *wo heute das Restaurant (Gebäude von 1838) steht, war einst eine Vorburg mit Wirtschaftsgebäuden wie Bäckerei oder Schmiede*
- *um 1590 zerstörte ein Feuer die Anlage. Die Zufahrtswege verwilderten; dadurch blieb der Bau vor Steinraub und Zerstörung bewahrt*

Der Hausherr begrüßt dich: über dem Eingang das Wappen der badischen Markgrafen, mit Ritterhelm und Steinbockhörnern.

Das Böse aber soll draußen bleiben: Fratzenfigur rechts des Hauptportals.

Das Alte Schloss ist wirklich alt. Es ist nur noch eine Ruine. Genau das gefiel den Menschen vor 200 Jahren. Sie fanden das „romantisch“ und taten alles für den Erhalt des alten Gemäuers. Zum Glück! Die Anlage zählt heute zu den interessantesten und schönsten Burgen Deutschlands.

Die Burg als Namensgeberin

Über 350 Jahre war sie die Stammburg der Markgrafen: Sie gab dem Land und den Markgrafen ihren Namen. Hier wohnten und residierten die „von Baden“, bis sie 1479 in die Stadt hinunterzogen und dort ein ***Neues Schloss*** (→ *S. 66*) bauten.

Das Alte Schloss ist eher eine alte Burg – mit typischen Elementen aus dem Burgenbau:

Modell vom Alten Schloss

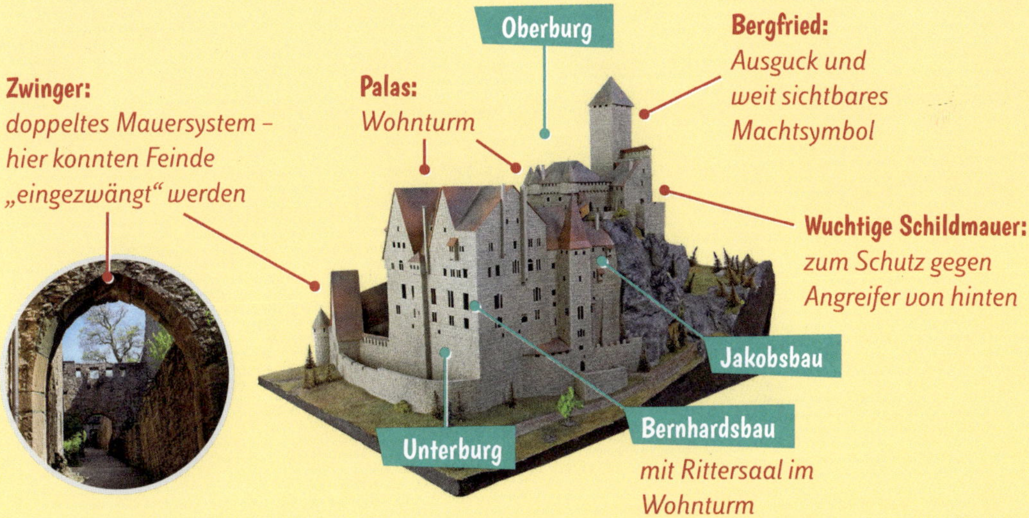

Die ***Oberburg*** ist der obere und älteste Teil der Anlage. Sie ist für sich genommen schon sehr groß.

Noch viel prächtiger aber ist die ***Unterburg***: wie ein Schloss mit über 100 Zimmern. Die Markgrafen waren also bedeutende und wohlhabende Herrscher. Das zeigen auch die gewaltigen Dimensionen des „offenen“ Wohnturms im ***Bernhardsbau***.

Mega-Festung

Die Anlage ist riesig! Du kannst hier viele Treppen runter- und raufklettern und geheime Keller oder Aussichtspunkte entdecken. Und immer kannst du weit ins Land hinaussehen. Für eine Burg also die optimale Lage. Mit den steilen Felswänden im Hintergrund war sie fast uneinnehmbar!

Auf Spurensuche im Bernhardsbau

Eine erhaltene Säule. Mit zwei anderen Säulen trug sie die Erdgeschoss-Decke. Die lag auf dem (schwarzen) Absatz oberhalb der ersten Fensterreihe auf. Jetzt kannst du ungefähr erahnen, wie hoch der Raum war.

Das Wappen an der Säule. Erkennst du es wieder?

Ein riesiger Kamin. Er beheizte die Räume im Erdgeschoss.

Das Obergeschoss. Viele große Fenster und eine enorme Raumhöhe! Das spricht für einen hellen und luftigen ***Fest- bzw. Rittersaal***. Zwei mächtige Kamine beheizten auch diesen Raum luxuriös.

Wer auf den Bänken in den dickwandigen Fensternischen saß, hatte eine grandiose Aussicht.

Im Halbrund des Treppenturms kannst du den Verlauf der Stufen erkennen.

Im Burghof: der Eingang zum Rittersaal, darunter die Träger der einstigen Holztreppe.

Und wie gelangte man in den Rittersaal? ***Ein Treppenturm*** verband alle Geschosse, vom Kellergewölbe bis zum Dachstuhl. Die Treppe führte vom Erdgeschoss zunächst in einen Vorraum. Erkennst du die Aussparungen im Mauerwerk? Hier war eine Quermauer eingesetzt, die den kleinen Vorraum vom Rittersaal abtrennte.

Auch vom ***Burghof*** außen gab es einen Zugang zum Rittersaal: Siehst du das repräsentative ***Portal*** in der Wand? Eine Holztreppe führte hier einst hinauf. Sie ist inzwischen verfallen. Geblieben sind nur die ***Steinträger***, die sie ursprünglich hielten.

Vom Burghof geht's abwärts in den ***Keller*** des Hauses. In diesem riesigen Gewölbe war genug Platz, um Essen und Trinken für die vielen Burgbewohner aufzubewahren. Eine Weinpresse und neun Kühlräume (keine Kerker!) waren hier untergebracht.

Und wenn die Menschen mal „mussten"? Auf dieser Luxus-Burg kein Problem. Der Wohnturm hatte mindestens ein ***Örtchen***: in Form eines kleinen Häuschens auf einem gemauerten Schacht. Eine Rinne mit Regenwasser diente als Spülung und der nahe Kaminschacht als Heizung. Von der Galerie um das erste Obergeschoss hast du einen wunderbaren Fernblick ... und kommst direkt am Toilettenschacht vorbei.

Beim Rundgang auf der Galerie kommst du am Toilettenschacht vorbei.

Das Toilettenhäuschen am Modell

Tipp

Rund um das Alte Schloss gibt es viele spannende Wege, z. B. zu den Battertfelsen. Manche Routen sind kinderwagentauglich, für andere musst du trittsicher sein.

Julius erzählt ...

Die Graue Frau im Alten Schloss

(🔊 *S. 152*) – Natürlich spukt es hier nachts – besonders, wenn es stürmt und der Wind durch das verwitterte Gemäuer heult. Dann ist die Graue Frau unterwegs. Mit grauem Mantel und weißem, langem Haar geistert sie – angeblich – noch immer wirr durch Schloss und Wald. Und das Echo ihrer heiseren Stimme hallt bis in die Stadt hinab.

Die Graue Frau? Das ist der Geist der bösen Markgräfin. Erbarmungslos beutete sie die Menschen in ihrem Land aus, um selbst zu Reichtum zu gelangen. Wer sich gegen sie auflehnte, den ließ sie hart bestrafen: nicht selten mit Folter im Felsenkeller unter ihrem Schloss.

Eines Tages nahm sie ihren kleinen Sohn mit auf den Burgturm. Sie hob ihn über die Brüstung: Er sollte alle Dörfer in der Ferne sehen, die ihm später gehören würden. Doch das Kind fiel ihr aus den Händen und stürzte in die Tiefe!
Die Markgräfin eilte sofort die Treppen hinunter und suchte überall zwischen den Felsen vor dem Schloss nach ihrem Kind. Doch vergeblich! Alles Suchen half nichts. Das Kind blieb für immer verschwunden.

Selbst der Tod erlöste die Markgräfin nicht von ihrer Trauer: Und so kommt es, dass sie noch immer nach ihrem Sohn schreit.

Rund um die Kurstadt gibt es viele tolle Ausflugsziele – da ist für jeden etwas dabei!

Spezial

Spazier-Fahrten

Du kennst Baden-Baden schon ganz gut und willst raus aus der Stadt? Dann findest du auf den folgenden Seiten einige schöne Ziele für einen Ausflug in die nähere oder weitere Umgebung – natürlich nur eine kleine Auswahl aus einer großen Menge von Möglichkeiten.

Burgen und Schlösser

Weite Aus- und Einblicke

Die drei Burgen rund um Baden-Baden sind tolle Aussichtspunkte mit Geschichte(n).

1. Yburg

Auf der ***Yburg*** soll ein unglücklicher Markgraf einst Falschgeld hergestellt haben, um seine Schulden zu begleichen. Vom Turm hast du ein grandioses 360°-Panorama, fast immer bis zum Straßburger Münster (Luftlinie 40 km). In den begehbaren Ruinen liegt zwischen alten Linden ein Restaurant mit Biergarten und schöner Aussicht.

Burgruine 1, 76534 Baden-Baden (Varnhalt)
• www.burg-yburg.de

Meister Erwin von Steinbach (1240–1318) ist als Baumeister des Straßburger Münsters bekannt. Dass er aus „unserem" Steinbach stammt, hat der Dichter Johann Wolfgang von Goethe herausgefunden.

2. Burg Alteberstein

List und Liebe retteten einst die ***Burg Alteberstein*** vor Zerstörung – so erzählt es Ludwig Uhland in seiner Ballade „Graf Eberstein". Trotzdem ist die Burg heute eine Ruine, aber mit weitem Blick in die Rheinebene und einem Restaurant. Von hier lässt es sich bequem zur nächsten Burgruine, dem Alten Schloss Hohenbaden (→ S. 130), wandern (ca. 3 km).

Rosenstr. 50, 76530 Baden-Baden (Ebersteinburg)
• www.burg-alteberstein.de

3. Burg Windeck

Tipp: Der Spielplatz hier ist echt klasse!

Eine weiße Henne soll einen Graben um die ***Burg Windeck*** angelegt und sie so vor Zerstörung gerettet haben. Am Fuß der heutigen Ruine gibt's ein Restaurant plus Café (mit Aussichtsterrasse) und direkt daneben einen großen Abenteuerspielplatz (mit Fernsicht). Hier startet auch der Walderlebnispfad „Burg Windeck" (3 km).

Kappelwindeckstr. 104, 77815 Bühl
• Tel. 07223 9492-0
• www.burg-windeck.de

Schloss Favorite Rastatt

Schloss Favorite Rastatt war das „private" Lustschlösschen der Markgräfin Sybilla Augusta, Witwe des „Türkenlouis": mit einer Schauküche, kostbarem Porzellan und einer Außenfassade aus Kieselsteinen. Im Sommer gibt's hier – stilecht – Konzerte in historischen Kostümen. Besichtigung des Hauses nur mit Führung; Park und Orangerie frei. Stärkung gibt's im Schlosscafé.

Am Schloss Favorite 1, 76437 Rastatt-Förch
- *www.schloss-favorite-rastatt.de*
- *www.schlosscafe-favorite.de*

Residenzschloss Rastatt

Im prächtigen ***Residenzschloss Rastatt*** war der unbesiegbare „Türkenlouis" (Markgraf Ludwig Wilhelm) zuhause. Zur barocken Gesamtanlage gehören auch Garten, Schlosskirche und Teile der Stadt. Wie man in so einem Haus lebte, zeigen dir viele spannende Themenführungen. Im Seitenflügel untergebracht (und ohne Führung zugänglich) sind das Wehrgeschichtliche Museum und die Erinnerungsstätte für die Freiheitsbewegungen in der Deutschen Geschichte.

Herrenstr. 18–20, 76437 Rastatt
- *www.schloss-rastatt.de*
- *www.wgm-rastatt.de*
- *www.bundesarchiv.de/erinnerungsstaette*

Kasematten

Lust auf ***unterirdische Festungswerke und Gefängnisräume***? In Rastatt sind verschiedene Teile der rund 150 Jahre alten Bundes- und Reichsfestung erhalten. Auch der Westwallbunker aus dem Zweiten Weltkrieg an der L75 Richtung Iffezheim ist zu besichtigen.

- *www.hist-ver-rastatt.de*
(u.a. eigene Kinderführungen)

Ausflugslokale

Einkehren an besonderen Orten in Baden-Baden

Waldgaststätte Turm Fremersberg

Familienfreundliches Lokal mit Biergarten und Spielplatz hoch über der Stadt. Von hier kannst du kostenlos die Aussichtsplattform des Funkturms besteigen.

Fremersberg Turm 1, 76530 Baden-Baden
- *Tel. 07221 995331*
- *www.turmfremersberg.de*
- *Öffnungszeiten: Mo, Do, Fr, Sa ab 17 Uhr; So und Feiertage ab 16 Uhr; Di und Mi Ruhetag*

Geroldsauer Mühle

Komplett aus Weißtannen-Holz errichtetes, modernes Schwarzwaldhaus mit Wirtsstube, Biergarten, Spielplatz und Einkaufsmarkt. Hier lassen sich auch verschiedene Kutschfahrten buchen (auf Rädern oder Kufen, auch mit Vesper). Ein schöner Spaziergang führt zum 300 Meter entfernt gelegenen Themenspielplatz „Bauernhof" an der Sägmüllermatte (*siehe vordere Innenklappe*).

Geroldsauer Str. 54, 76534 Baden-Baden
- *Tel. 07221 99646830*
- *www.geroldsauermuehle.de*
- *Öffnungszeiten: täglich 11:30–22 Uhr; Mo–Fr Mittagstisch 11:30–15 Uhr*

Waldgasthof Scherrhof

Uriges Wirtshaus mitten im Wald an einer großen Lichtung. Idealer Ausgangpunkt für viele Wanderungen. In ca. 1 km Entfernung liegt der Scherrhaldekopf mit großem Naturspielplatz und Grillhütte.

Scherrhof 1 (Im Stadtwald), 76534 Baden-Baden
- *Tel. 0176 80229508*
- *www.waldgasthaus-scherrhof.de*
- *Küche: täglich 12–19 Uhr*
- *Ruhetag: Mo+Di (Winter)/Di (Sommer)*

Nichts dabei? Auch hier kannst du essen und trinken: www.baden-baden.com/media/gastronomie

Naturattraktionen

Noch grüner und wilder

Beim ***Luchspfad*** (Länge 4 km/Markierung „Luchs im grünen Kreis") erlebst du den Wald aus der Perspektive des Luchses, wozu es Kondition, Trittsicherheit und gutes Schuhwerk braucht – und: Lust auf viele interaktive Spiel- und Informations-Stationen.

Der ***Wildnispfad*** (Länge 4,5 km/Markierung „Specht im grünen Kreis") geht durch ein Waldgebiet, das nach Orkan „Lothar" (→ ! *Infokasten*) sich selbst überlassen wurde. Viele querliegende Baumriesen sind Teil der „Wildnis". Ein Highlight ist der Adlerhorst auf Baumkronenhöhe, zu dem eine Art Hängebrücke führt.

über die B500/Schwarzwaldhochstraße nach Bühlerhöhe, Waldparkplatz Plättig
• www.baden-baden.com/media/touren/luchspfad
• www.baden-baden.com/media/touren/wildnispfad

Ein Startpunkt – zwei Wege: Der ***Lotharpfad*** (Rundweg, ca. 900 m) führt fast ausschließlich über Holzstege, Leitern und Treppen durch die von Orkan „Lothar" zerstörte Waldfläche. Der ***Spechtfpfad*** (Länge ca. 1 km) geht auf Holzbohlen durch und über den totholzreichen wilden Wald – barrierearm, mit tollen Sitzplätzen und Aussichtsplattformen; und natürlich mit jeder Menge Infos über die bunten Vögel. Übrigens: Aus der Luft sieht der Pfad wie ein Specht aus!

über die B500/Schwarzwaldhochstraße Richtung Freudenstadt zwischen Schliffkopf und Alexanderschanze
• www.nationalpark-schwarzwald.de/de/erleben/unterwegs-im-park

Weihnachten 1999: Orkan „Lothar" braust mit unglaublicher Wucht über Südwestdeutschland. Den Wald trifft es besonders hart: Millionen von Bäumen knicken um. Wald in der Größe von 56.000 Fußballfeldern ist in nur 15 Minuten vernichtet.

Geroldsauer Wasserfälle

Zu den ***Geroldsauer Wasserfällen*** führt dich – ohne große Steigung – ein schattiger Rundweg (ca. 3 km) mit markanten Felsformationen, kleinen Holzstegen und Brücken. Einkehrmöglichkeit besteht in der Waldgaststätte Bütthof. Zur Rhododendronblüte (Mai–Juni) und an heißen Sommertagen ist der Wasserfall-Weg besonders attraktiv.

Waldparkplatz Geroldsauer Wasserfall, Malschbacher Str. 26, 76534 Baden-Baden (Geroldsau)
• www.baden-baden.com/media/touren/wasserfall-rundweg

Mummelsee

Sagenhafter Mummelsee: Hier soll in einem Palast unter dem Wasser der Seekönig mit seinen Seenixen-Kindern wohnen. Der Sage nach tauchen sie aber nur in Vollmondnächten auf! Du kannst also unbekümmert Tretboot fahren, um den See laufen, moderne Kunst bestaunen, frisches Holzofenbrot kaufen oder zu einer Wanderung Richtung Hornisgrinde (höchster Berg im Nordschwarzwald mit SWR-Sendemast und Aussichtstürmen) aufbrechen. Ach ja, der Mummelsee ist der größte (800 m Umfang), tiefste (17 m) und höchstgelegene (1.036 m) Karsee im Schwarzwald.

über die B500/Schwarzwaldhochstraße Richtung Freudenstadt zwischen Ruhestein und Seibelseckle
• www.mummelsee.de

Nationalpark Schwarzwald

Eine Spur wilder geht's im ***Nationalpark Schwarzwald*** zu! Hier darf Natur Natur sein: mit dunklen Wäldern, stillen Karseen und Mooren, schroffen Felswänden oder kahlen Bergrücken. Hier oben kannst du wandern, Rad fahren, Wintersport treiben oder einfach nur staunen. Zu jeder Jahreszeit gibt es ein großes Angebot speziell für Kinder, Jugendliche und Familien.

Nationalparkzentrum Ruhestein, Schwarzwaldhochstr. 2, 77889 Seebach, Tel. 07449 92998-0
• www.nationalpark-schwarzwald.de

Download-Tipp:
Die schönsten Wanderrouten durch den Nationalpark Schwarzwald – alle in einem Heft (PDF-Datei, 46 Seiten, 20 MB).

Die ***Gaishöll-Wasserfälle*** musst du dir erlaufen! Über 13 Brücken und 225 Stufen führt dich der knapp 5 km lange Weg die Schlucht hinauf – immer am Wasser entlang und vorbei an Felsen und großen Steinbrocken.

Gaishöll-Wasserfälle

Parkplatz Gaishöll Wasserfälle, Gaishöllpark 4, 77887 Sasbachwalden
• www.sasbachwalden.de/Media/Attraktionen/Gaishoell-Wasserfaelle

Eine ***Klosterruine, Wasserfälle*** und ***viele Sagen***: Das bietet der Rundweg (3,5 km), der an der 1803 aufgelassenen und zum Abbruch freigegebenen Abtei Allerheiligen (gegr. ca. 1195) startet und über zahlreiche Treppen und Brücken entlang der Wasserfälle durch eine Schlucht führt. Das Wasser stürzt hier über sieben Stufen fast 90 Meter in die Tiefe – absolut beeindruckend! Klar, dass hier viele Sagen entstanden sind. Diese kannst du „am Rand" des Rundwegs auf-„lesen". Die Gaststätte Klosterhof und ein Klosterlädle neben den Klosterruinen laden zum Besuch ein.

Allerheiligen

Allerheiligen 3, 77728 Oppenau
• www.nationalpark-schwarzwald.de/de/erleben/unterwegs-im-park/zu-fuss-unterwegs/allerheiligen

Im Naturschutzgebiet auf dem ***Kaltenbronn*** wanderst du auf verschiedenen Bohlenwegen durch die stille Hochmoorlandschaft mit ihren Seen und weiten Ausblicken (im Bild: der Wildsee auf dem Kaltenbronn). Das Infozentrum im alten Forsthaus informiert über Entstehung, Geschichte und Ökosystem des Hochmoors.

Kaltenbronn

Infozentrum Kaltenbronn, Kaltenbronn 600, 76593 Kaltenbronn
• Tel. 07224 655197
• www.infozentrum-kaltenbronn.de

Spezial

Veranstaltungen im Jahreslauf

Frühling

FEBRUAR
Kinderfasnachtsball im Kurhaus: Hier feiert der Nachwuchs – mit Kinderdisco, Showtanzgruppen, Clown und Kostümwettbewerb. Auch die Eltern sind herzlich willkommen. Der Höhepunkt im närrischen Treiben.

MAI
Frühjahrs-Meeting auf der Galopprennbahn Baden-Baden Iffezheim: Besonders der „Kinder- und Familientag“ bietet viele kostenfreie Attraktionen für junge Besucher, u.a. Ponyreiten, Hüpfburgen, Kinderschminken (im eigenen Kindergarten sind Drei- bis Sechsjährige gut aufgehoben).

MAI
Kunterbunter Kinderspaß: Immer am Samstag vor Muttertag verwandelt sich die Wiese vor dem Kurhaus in ein riesiges Sport-, Spiel- und Bastelfest. Über 35 Gruppierungen bieten hier Kindern und Eltern viele, oft außergewöhnlichen Attraktionen – kostenfrei!

Sommer

ANFANG JUNI
Mittelalterliche Winzertage in den Gassen und Winkeln des Reblanddorfes Steinbach: Viele Schausteller und Handwerker geben Einblick in den Lebens- und Berufsalltag vergangener Zeiten. Ein gemütlicher „Hock“ bei Flammkuchen, Weck und Wein gehört ebenfalls dazu.

JUNI
UNESCO Welterbetag: Am ersten Sonntag im Juni feiert die ganze Stadt ihre große Geschichte mit einem eigenen Erlebnis-Tag.

ERSTES JULI-WOCHENENDE
Baden-Badener Sommernächte: Große Sommer-Party im Kurgarten vor dem Kurhaus mit verschiedenen gastronomischen Angeboten und Live-Musik.

ZWEITES JULI-WOCHENENDE
Oldtimer Meeting Baden-Baden: Der automobile Schönheitswettbewerb vor dem Kurhaus. Oldtimer sowie die dazugehörigen „Mode-Outfits“ stehen hier im Mittelpunkt. Zum Programm gehören eine Gartenparty mit unzähligen Lampions, Modeschauen und musikalische Darbietungen.

JULI / AUGUST
Philharmonische Parknacht: Konzert der Philharmonie Baden-Baden unter freiem Himmel in der Lichtentaler Allee. Viele bunt bestrahlte Bäume und ein mitgebrachtes Picknick gehören dazu.

ENDE AUGUST
Große Woche auf der Galopprennbahn Baden-Baden Iffezheim: Auch in dieser Woche gibt es Kinderprogramm, besonders am KSC-Renntag.

Herbst

SEPTEMBER

SWR3 New Pop Festival: Angesagte Newcomer aus dem In- und Ausland verwandeln Baden-Baden einmal im Jahr in eine Musikmetropole. Veranstalter ist der Radiosender SWR3. Jede Menge Pop-Konzerte und -Highlights werden live im Radio, Internet und Fernsehen übertragen. Manche Open-air-Veranstaltungen können auch ohne Ticket besucht werden (z.B. die Live-Bühne vor dem Kurhaus).

SEPTEMBER

Tag des offenen Denkmals: Am zweiten Sonntag im September öffnen viele Denkmäler ihre Türen – auch in Baden-Baden kann man an vielen Stellen hinter die Kulissen schauen. Oftmals sogar kostenfrei.

OKTOBER

Sales & Racing Festival auf der Galopprennbahn Baden-Baden Iffezheim: Auch das letzte Rennen im Jahr wird von Aktionen für kleine und große Gäste begleitet, u.a. Herbstmarkt, Kürbis-Schnitzen.

Winter

MITTE NOVEMBER BIS ANFANG JANUAR

Eisarena Baden-Baden: Schlittschuhlaufen im Freien für Groß und Klein (mit Verleih), mitten in der Stadt auf dem weihnachtlich geschmückten Augustaplatz. Sehr romantisch!

ENDE NOVEMBER BIS ANFANG JANUAR

Baden-Badener Christkindelsmarkt: Für den Besuch des Weihnachtsmarktes brauchst du viel Zeit. Da gibt es das historische Kinderkarussell, ein Mini-Riesenrad und eine Eisenbahn für Kinder. Mit Profis Plätzchen backen kannst du in der Weihnachts-Backstube, und eine große Krippenausstellung findest du rund um die Trinkhalle. Mit ein bisschen Geschick entdeckst du auch den Himmelsbriefkasten, falls noch schnell ein Brief oder Bild ans Christkind gehen soll.

Winter

...

Die Weihnachtsfenster in der „kleinen Allee" sind von Baden-Badener Schülern gemalt – abends, beleuchtet, sind sie besonders schön. Jedes Jahr neu und daher mit Spannung erwartet ist die Märchenstraße mit einer im Riesenformat abgedruckten Erzählung. Und falls noch die ultimative Weihnachtskarte fehlt: Die großen Nussknacker an den Eingängen sind ein beliebtes Fotomotiv. Wichtig: Am 6.12. kommt der Nikolaus mit Geschenken, und immer mittwochs gibt's besondere Angebote für Familien. Noch wichtiger: Dieser Weihnachtsmarkt hat auch über die Feiertage geöffnet.

Spezial

Aktiv in Baden-Baden

… im Sommer

ÜBER STOCK UND STEIN

• *Wandern*
Auf den Wanderwegen in und um Baden-Baden wirst du deinen Spaß haben! Sie führen zu Wasserfällen und sagenumwobenen Gemäuern, zu grandiosen Aussichten und gemütlichen Picknickplätzen. Eine Übersicht über die schönsten Wanderrouten (sortiert nach Länge, Schwierigkeitsgrad, Zeitdauer) gibt es gedruckt in der Tourist-Information oder online unter: *www.baden-baden.com/wandern*

AUF DEM PFERD

• *Reiten mitten in der Stadt*
Allee-Reitstall
Gunzenbachstr. 4a, 76530 Baden-Baden
Tel. 07221 9707000
www.allee-reitstall.de

Hast du einen Plan? Die Wanderkarte im praktischen Taschenformat findest du in der Tourist-Information.

IN DER LUFT

• *Heißluftballon*
Eine Fahrt mit dem Ballon über das Land zwischen Schwarzwald und Vogesen bietet:

Ballooning 2000 Baden-Baden GmbH
Dr.-Rudolf-Eberle-Str. 5, 76534 Baden-Baden
Tel. 07223 60002
www.ballooning2000.de

• *Gleitschirm*
Hier kannst du „begleitet“ fliegen:

Tandemflüge über Baden-Baden
Fly4you Cloud
Tel. 0177 5833246
www.fly4you.cloud

(Ab 14 Jahren mit Einverständnis der Eltern und mind. 35 kg Körpergewicht)

• *Klettergarten*
Wenn dir eine Höhe von 3 bis 14 Metern reicht, bist du am Mehliskopf richtig:

Freizeitanlage Mehliskopf
Schwarzwaldhochstraße / Am Stadtwald 4
77815 Bühl-Sand
Tel. 07226 1300
www.mehliskopf.de

AUF DEM BOB

• *Ganzjahres-Bobbahn*
Hoch hinauf und schnell hinunter geht's mit dem Bob am Mehliskopf: immer mit Blick auf den Schwarzwald und ziemlich abwechslungsreich (rund 1,3 km mit Steilkurven, Tunnel und Wellen). Mit einer VR-Brille auf der Nase kannst du sogar Teil eines Westerns sein oder durch die Canyons in Nordamerika oder die Aztekentempel in Südamerika fliegen.

Freizeitanlage Mehliskopf
Schwarzwaldhochstraße / Am Stadtwald 4
77815 Bühl-Sand
Tel. 07226 1300
www.mehliskopf.de

AUF DEM RASEN

• *Minigolf und mehr*

Insgesamt 18 große Bahnen bilden bekannte Besucher-Attraktionen aus der Gegend nach: Da müssen Bälle z.B. durch das Kurhaus von Baden-Baden, den Zwinger der Yburg oder die Forbacher Brücke gespielt werden. Als Schwarzwald-Flößer darfst du den Ball auch direkt ins Wasser versenken. Und für alle, die noch mehr spielen wollen: Nebenan gibt's einen riesigen Spielplatz!

Erlebnisminigolf Sinzheim
(rollstuhlgerecht)
Pfarrer-Kiefer-Weg 2, 76547 Sinzheim
Tel. 07221 982-490
www.erlebnisminigolf-sinzheim.de

Öffnungszeiten:
Hauptsaison: 10 bis mind. 20 Uhr,
Neben-/Wintersaison: 11–18/16 Uhr

ZU WASSER

• *Kanu-Tour*

Bei uns gibt's so viele schöne Gewässer! Warum nicht mal mit dem Kanu auf Tour gehen? Hier kann man verschiedene Boote ausleihen, bringen lassen, geführte Touren buchen oder Kartenmaterial erhalten, wenn man allein lospaddeln möchte. Man zahlt pro Boot, und das Beste: Der Familienhund fährt gratis mit.

Kanux
Dr.-Rudolf-Eberle-Str. 3, 76534 Baden-Baden
Tel. 07223 2817777 oder 0178 4346246
www.kanux.de

• *Tret- und Elektroboot*

Boot fahren kann man etwas weiter entfernt

- an der ***Schwarzenbach-Talsperre*** (Stausee an der L83, www.schwarzenbach-bootsverleih.de)
- oder am ***Mummelsee*** (→ *S. 140*).

IM SCHWIMM- UND FREIBAD

• *Bertholdbad*

Hallenbad, Sauna und beheiztes Freibad im Stadtzentrum – gut und schnell erreichbar:

- Hallenbad mit Kombibecken (25x12,5 m) und Sprunganlage (1 m/3 m).
- Freibad mit großem Kombibecken (50 x 15 m), Plantschbecken, Tischtennis, Liegewiese und Strandbar. Spielbereich mit Spielgeräten.

Ludwig-Wilhelm-Str. 24, 76530 Baden-Baden
Tel. 07221 277580
Bus 201, 204 (H) Bertholdplatz
Bus 216 (H) Gausplatz

- *Öffnungszeiten Hallenbad:*
  Di, Do, Fr 13–20 Uhr, Mi 13–21 Uhr,
  Sa 7:30–15 Uhr, So 7:30–13 Uhr.
  Do 14 Uhr: Kinderspielnachmittag (auf Anfrage)
- *Öffnungszeiten Freibad: Von Anfang Mai bis Mitte September täglich 7:30–20 Uhr*

• *Hardbergbad*

Großes modernes Freibad – über den Dächern der Stadt: Großes Schwimmerbecken (50x15 m), Becken mit 1 m-, 3 m-, 5 m-, 10 m-Sprunganlage, 80 m(!)-Wasserrutsche, Erlebnisbecken u.a. mit Wasserpilz und Strömungskanal, Nichtschwimmer- und eigenes Babybecken mit Rutsche. Weitläufige Liegewiesen mit altem Baumbestand, großer Kinderspielbereich, Beachvolleyballfeld, Tischtennisplatten, Kioske.

Hardbergstr. 32, 76530 Baden-Baden
Tel. 07221 277590
Bus 201, 206, 207, 216 (H) Große Dollenstraße,
ca. 10 min. Fußweg hinauf zum Hardbergbad

Öffnungszeiten: Bei guter Wetterlage von Mitte Mai bis Mitte September täglich 10–20 Uhr

• Freibad Steinbach
Solarbeheiztes Freibad mit Blick auf die Rebhügel: Großes Mehrzweckbecken (50x16m) mit Sprungturm (1m, 3m, 5m, 10m), Nichtschwimmerbecken mit Rutsche, Babybecken mit Rutsche. Schattige Liegewiesen, Beachvolleyballfeld, Tischtennisplatten und andere Spielgeräte, Kiosk.

Yburgstr. 113, 76534 Baden-Baden-Steinbach
Tel. 07221 277587
Bus 216, 261 (H) Yburgstraße/Sportschule

Öffnungszeiten: Bei guter Wetterlage von Mitte Mai bis Mitte September täglich 10–20 Uhr. Sa, So, Pfingst- und Sommerferien 9–20 Uhr

• Strandbad Sandweier
Neues Strandbad (25.000 m²) am Ufer des Kühlsees, langer Sandstrand und große Liegewiese mit vielen (noch jungen) Bäumen, gekennzeichneter Nichtschwimmer- und Schwimmerbereich mit Wasseraufsicht, Verleih von Sonnenschirmen und Liegestühlen, Sportbereich mit Beachvolleyballfeld, Tischtennisplatten und Bocciabahn, Kletterschiff und andere Spielgeräte für Kinder, großer Kiosk.

Am Kühlsee, 76532 Baden-Baden-Sandweier
Tel. 0173 8946469
(Anfahrt über den Pflugweg, Ortsteil Sandweier)

Öffnungszeiten: Bei guter Wetterlage von Mitte Mai bis Mitte September täglich 10–20 Uhr

Infos zu allen Bädern unter:
www.stadtwerke-baden-baden.de/de/mobilitaet-freizeit/schwimmbaeder

IM HEIMATMUSEUM

• Heimatmuseum Sandweier
Römerstr. 24, 76532 Baden-Baden-Sandweier
www.heimatverein.sandweier.de

• Heimatmuseum Haueneberstein
Alte Dorfstr. 6, 76532 Baden-Baden-Haueneberstein
www.heimatverein-haueneberstein.de

• Reblandmuseum Steinbach
Steinbacher Str. 62, 76534 Baden-Baden Steinbach
www.historischer-verein-yburg.de

… im Winter

REIN IN DIE SCHUHE

• Schneeschuh-Wandern
Auf verschneiten Wegen durch den Schwarzwald – mal was anderes! Führungen auch für Anfänger und Familien mit Kindern.

Alpin Sports TS
Bienenstr. 4, 76530 Baden-Baden
Tel. 07221 72831
www.alpinsport-ts.de

AUF DEM EIS

• Schlittschuhlaufen
Wenn sich in Baden-Baden der **Augustaplatz** in eine Eisarena verwandelt, ist Weihnachten nicht mehr weit! Tannenbäume, Buden und viele Lichter schmücken jetzt die Flächen rund um die Eisbahn. Nachmittags triffst du hier viele Kinder und Schüler – der Platz ist nämlich auch bequem erreichbar: Der zentrale Busstopp liegt nur wenige Meter entfernt.

Eisarena Baden-Baden, Augustaplatz 8
76530 Baden-Baden
Tel. 0172 7484773
www.eisarena-badenbaden.de

Öffnungszeiten: Mitte November bis Anfang Januar

Mitten im hohen Schwarzwald, am Fuße eines alten Steinbruchs, liegt die große Freiluft-Kunsteisbahn am **Wiedenfelsen**. Hier hast du viel Platz (1.800 m²) zum Schlittschuhfahren oder Eishockeyspielen – und gleichzeitig einen freien Blick auf die umliegenden Berge.

zwischen Bühlertal und Schwarzwaldhochstraße:
Kunsteisbahn am Wiedenfelsen
Steinbruchweg 2, 77815 Bühl-Sand
Tel. 07226 282
www.kunsteisbahn-wiedenfelsen.de

(Anfahrt mit dem Auto, das bei hohem Schnee besser am Anfang der Zufahrtsstraße geparkt wird, oder mit der Buslinie 263 von Bühl Hbf.)

AB AUF DIE BRETTER

• *Skifahren – Abfahrt*

An der Schwarzwaldhochstraße findest du viele Möglichkeiten für Skiabfahrten. Und überall kannst du bis 21 Uhr bei Flutlicht fahren!

Skilifte am Mehliskopf
Schwarzwaldhochstraße/Am Stadtwald 4,
77815 Bühl-Sand
Tel. 07226 1300
www.mehliskopf.de
(Skischule & Skiverleih, Skilifte für Anfänger und Fortgeschrittene, Snowpark und Skiwander-Touren)

Bühlertallift Hundseck
Schwarzwaldhochstraße 15a, 77815 Bühl-Sand
Tel. 07226 283
www.hundseck.de

Skizirkus Unterstmatt-Hochkopf
Schwarzwaldhochstraße, 77815 Bühl-Sand
Tel. 07226 919961
www.unterstmatt.de
(Skischule & Skiverleih, Skilifte für Anfänger und Fortgeschrittene)

• *Skifahren – Langlauf*

Vom Langlaufcenter Herrenwies führen viele Loipen durch Wälder und Hochebenen.
Das Portal *www.loipenportal.de/nordschwarzwald* hilft dir bei der Auswahl.

Langlaufcenter Herrenwies
Herrenwies 8a, 76596 Forbach/Herrenwies
Tel. 07226 91960
www.langlauf-center.de
(Skiverleih & Kurse für Kinder bzw. Familien, Wasch- und Umkleideräume, Kiosk)

Schnee-Telefon Schwarzwaldhochstraße:
Tel. 07226 285

Stichworte A–Z

Bildnachweis

akg-images – 37 (unten links) **ArEP – (Architekturrekonstruktion, Entwurf, Präsentation) Peter Braumann, Ildiko Frels, Prof. Wolfgang Knoll** – 11 (oben), 18 (Mitte), 19 (Mitte links), 20 (oben) **Autorin** – 4, 8 (Mitte links), 9 (oben links, 2. von oben links, unten links), 13 (1. und 2. von oben links), 15, 16, 22–24, 26, 27, 28 (Mitte),30 (oben), 31 (oben), 32 (alle), 33 (Lithographien), 34, 35, 38, 39, 40, 42 (oben rechts), 43 (oberer Reihe rechts), 44 (oben links), 45, 46, 47 (oben rechts und unten), 48 (oben und Mitte rechts), 49 (links und oben rechts), 51, 52, 55, 56 (oben rechts), 57 (rechts), 58, 59 (obere Reihe und unten rechts), 60, 62–64, 65 (oben), 66 (unten), 69 (unten links und rechts), 70, 71 (unten links und rechts), 72, 73 (oben rechts, Mitte links), 74, 75 (oben), 76, 78, 80, 81 (oben und Mitte rechts), 83, 84 (unten), 85 (Mitte rechts, untere Reihe links und rechts), 86 (untere Reihe links, 2. von links, 2. von rechts), 87 (oben, 3. von oben rechts, untere Reihe links und 2. von links), 88 (oben), 89 (oben und rechts unten alle), 90, 91, 92 (oben links), 93 (oben), 95, 96 (oben),97 (Mitte), 98, 99 (oben rechts), 100, 102 (oben), 103 (unten links), 104, 107, 110, 111, 113 (unten), 114 (unten links), 117 (oben rechts), 119, 120, 123 (unten rechts), 125, 126 (oben rechts), 127 (unten links), 128, 129 (Mitte links), 130 (unten beide), 131 (Mitte links), 132, 136 (oben), 137 (oben und Mitte), 153 **Baden-Baden Kur & Tourismus GmbH** – 38 (oben rechts), 103 (unten rechts), 138 (Mitte und unten), 140 (oben), 144 (unten) **Badisches Tagblatt** – 94 (oben rechts: Wolfgang Breyer) **Bäder- und Kurverwaltung Baden-Baden** – 81 (unten) **Brahmsgesellschaft Baden-Baden e.V.** – 117 (unten links), 118 (oben) **Brenners Park-Hotel & Spa** – 86 (unten rechts außen), 93 (Mitte links), 94 (Mitte links, unten rechts und 2. von oben rechts) **Christoph Bühler (kulturer.be)** – 67 (oben) **Bundesministerium der Finanzen** – 13 (unten rechts) **CARASANA Bäderbetriebe GmbH** – 13 (3. von oben links), 33 (oben), 43 (untere Reihe rechts), 44 (untere Reihe alle) **Marcus Cyron (Wikimedia Commons CC-BY-3.0)** – 85 (unten Mitte „von Kopf") **Gerd Eichmann (Wikimedia Commons CC BY-SA 4.0)** – 9 (oben rechts), 12 (oben), 54, 57 (links), 59 (unten links), 89 (unten links), 107 (oben rechts), 126 (unten links), 129 (oben rechts), 130 (oben), 133 (oben rechts), 138 (oben) **Joachim Engert** – 88 (unten) **Familienarchiv Avé-Lallemant** – 118 (Mitte oben) **Foto Atelier Dirk Altenkirch** – 18 (unten) **Carsten Frenzl (Wikimedia Commons CC BY 2.0)** – 141 (oben) **Getty's Open Content Program** – 28 (unten) **Isabel Gewecke** – 31 (oben), 43 (oben) **Moritz Grenke (www.stadtwiki-baden-baden.de)** – 66 (oben), 96 (unten), 99 (oben links) **Heimatverein Sandweier** – 8 (2. von oben rechts) **Historischer Verein Rastatt** – 137 (unten) **Infozentrum Kaltenbronn** – 141 (unten: Pit Buchter) **Ji-Elle (Wikimedia Commons CC-BY-SA-3.0)** – 53 (Mitte), 71 (oben) **Klassik Stiftung Weimar, Museen** – 87 (Spazierstock Goethes: GKg/00712) **Kloster Lichtenthal** – 122 (unten links), 124 (oben rechts) **Kunstmuseum Gehrke Remund** – 116 **Landesarchiv Baden-Württemberg, Abt. Generallandesarchiv Karlsruhe** – 124 (Mitte links: Das Kloster Lichtenthal…: J-B Lichtenthal 13,3 / C.Guise 1833 (www.landesarchiv-bw.de/plink/?f=4-1575826), 87 (Mitte rechts: Baden-Baden Kurhaus …: 498-1 Nr. 441 / W.Kratt 1917 (www.landesarchiv-bw.de/plink/?f=4-1078185) **Landesamt für Denkmalpflege im Regierungspräsidium Stuttgart** – 67 (2. und 3. von oben: I. Geiger-Messner) **Landesdenkmalamt Karlsruhe** – 21 (B. Hausner) **Rainer Lück 1RL.de (Wikimedia Commons CC BY-SA 3.0 DE)** – 122 (oben rechts) **Miniaturwelt mit Sima's Café** – 114 (oben), 115 **Céline Mülich (Rom-Museum 2020)** – 50 (Mitte links) **Museum Frieder Burda** – 105 **Museum für Kunst und Technik LA8** – 108 f. (alle Thomas Viering) **Nationalpark Schwarzwald** – 134 (Arne Kolb), 135 (Charly Ebel), 139 (1. und 2. von oben: qu-int.gmbh, 3. von oben: Charly Ebel, unten: Luis Scheumann), 141 (Mitte: Ulrike Klumpp) **Lothar Neumann** – 49 (unten) **Ostfriesische Tee Gesellschaft GmbH & Co. KG** – 8 (oben links) **Carole Raddato (flickr)** – 42 (Mitte links) **RS Ingenieure GmbH & Co.KG** – 48 (Mitte links) **Sammlung H. Merkle** – 65 (Mitte) **Sansculotte (Wikimedia Commons CC-BY-SA-2.0)** – 49 (Zeichnung) **SchiDD (Wikimedia Commons CC-BY-SA-4.0)** – 84 (oben) **Shakko (Wikimedia Commons CC BY 3.0)** – 29 (oben links) **Sportler des Jahres** – 9 (2. von unten rechts) **Staatliche Kunsthalle Baden-Baden** – 106, 107 (unten: Manuel Rossner) **Staats- und Universitätsbibliothek Hamburg/Brahms Archiv** – 118 (unten) **Stadtarchiv Karlsruhe** – 56 (oben links: Friedrich Theodor Fischer. Lithographie von A. Obermüller aus dem Jahr 1856: 8/PBS oIII 167) **Stadtbibliothek** – vordere Klappe **Stadtmuseum/-archiv Baden-Baden** – 13 (oben rechts), 19 (Mitte rechts), 24 (oben und unten),33 (Mitte rechts), 36 (unten), 47 (oben rechts), 53 (oben), 84 (Mitte rechts), 85 (oben), 86 (Mitte unten), 92 (Mitte), 102 (unten: F. Jesse), 103 (Mitte rechts: L. Giesler), 131 (Mitte), 133 (2. von oben) **Stadtpressestelle Baden-Baden** – 5, 9 (3. von oben links), 13 (Mitte rechts), 73 (Mitte rechts), 97 (oben) **Stadtwerke Baden-Baden** –126 (Mitte rechts) **SWR** – 9 (2. von unten links: Kirill Wagner) **TeleVisionale Baden-Baden** – 8 (unten links) **Theater Baden-Baden** – 89 (links) **Toccarion/Koppelstätter Media** – 112, 113 (1. und 2. von oben) **Kathrin Welte (Wikimedia Commons CC BY-SA 3.0 DE)** – 136 (unten) **Frank Wendorff** – 136 (Mitte) **Zeno Mancassola (Wikimedia Commons CC-BY-SA-3.0)** – 43 (untere Reihe Mitte) **Zentralbibliothek Zürich,** 5.165: a (= Urs Graf, Ein Kalender… 1508), https://doi.org/10.3931/e-rara-9328 – 10 (unten), 36 (oben), 75 (unten), 103 (oben rechts)

Gemeinfrei – 8 (2. von unten rechts), 8 (unten rechts), 9 (2. von oben rechts), 9 (unten rechts), 10 (Mitte rechts), 11 (unten), 26, 30 (Mitte rechts), 43 (obere Reihe Mitte), 56 (Mitte rechts), 67 (unten links), 68 (Mitte rund), 82 (oben), 127 (Mitte rechts), 130 (Wappen)
Pixabay for free – 8 (oben rechts), 9 (Mitte rechts), 42 (unten links), 43 (obere und untere Reihe links), 68 (unten links), 69 (oben links)

Gut zu wissen

Tourist-Informationen

www.baden-baden.com
Tel. 07221 275-200

- ***an der B500 (Stadteinfahrt):***
  Schwarzwaldstr. 52
  Mo–Fr: 9–17 Uhr, Sa/So/Feiertage geschlossen
- ***in den Kurhaus-Kolonnaden:***
  Kaiserallee 1
  Mo–So: 10–18 Uhr
- ***Rebland (im Baden-Badener Weinhaus am Mauerberg, Neuweier):***
  Mauerbergstr. 32, 76534 Baden-Baden
  Tel. 07223 9687-16
  Mo–Fr: 9–18 Uhr, Sa: 9–13 Uhr,
  So: 10–13 Uhr (April–Dezember)

Veranstaltungen und Ticket Service

Das offizielle monatliche Veranstaltungsprogramm ***„Baden-Baden aktuell"*** *liegt bei den Tourist-Informationen sowie in Hotels, Restaurants und vielen Bistros aus.* ***Als PDF:*** *www.baden-baden-aktuell.com*

Tickets

- ***in der Tourist-Information an der B500:***
  Schwarzwaldstr. 52, Tel. 07221 275233
  Mo–Fr: 9–17 Uhr, Sa/So/Feiertage geschlossen
- ***in den Kurhaus-Kolonnaden:***
  Kaiserallee 1
  Mi–So, Feiertage: 10–18 Uhr
  Tel. 07221 275233
- ***Buchung im Internet:***
  www.badenbadenevents.de

Stadtwerke Baden-Baden, Verkehrsbetriebe

- ***Kundenzentrum am Augustaplatz:***
  Tel. 07221 277-650
  Mo–Do: 8.30–12.30 und 13–16.30 Uhr, Fr: 8.30–14 Uhr.
  Fahrplanauskünfte, Fahrkarten für den öffentlichen Nahverkehr (KVV) und die MerkurBergbahn.
- ***Digitale Stadtkarte:***
  (u.a. mit kompletter Verbindungsauskunft, Live-Anzeige Busse und Haltestellen, Echtzeitbelegung Parkhäuser, Anfahrtsnavigation) unter www.stadtwerke-baden-baden.de/de/mobilitaet-freizeit/digitale-stadtkarte/

Notfalldienste

außerhalb der Praxiszeiten

- ***Ärztlicher Bereitschaftsdienst in der Notfallpraxis der Stadtklinik Baden-Baden***
  Tel. 07221 91-0/Tel. 116 117
  Balger Str. 50, 76532 Baden-Baden
  (linker Gebäudeteil, nicht Haupteingang!)
  Sa/So/Feiertag: 10–18 Uhr.

- ***Kinderärztlicher Bereitschaftsdienst in der Notfallpraxis der Stadtklinik Baden-Baden***
  Tel. 07221 91-0/Tel. 116 117
  Balger Str. 50, 76532 Baden-Baden
  (linker Gebäudeteil, nicht Haupteingang!)
  Mo–Do: 19–22 Uhr, Fr. 18–22 Uhr,
  Sa/So/Feiertag: 8–22 Uhr.

- ***Bereitschaftsdienst Augenheilkunde:***
  Tel. 116 117

- ***Zahnärztlicher Notfalldienst (10–11 und 16–17 Uhr):***
  über die Tagespresse oder www.kzvbw.de

- ***Apothekennotdienst:***
  www.aponet.de/notdienst/index.php

- ***Notarzt/Rettungsdienst:*** ***Tel. 112***

Geschichte(n) zum Anhören

Hier findest du Sagen und Geschichte(n) rund um Baden-Baden, vorgelesen von Julius und Aurelia. Einige kannst du nachlesen, einige gibt es nur zum Anhören. Die entsprechenden Stellen kannst du vorne im Buchtext an diesem Symbol 🔊 erkennen.

Du hast das Handy griffbereit und weißt, was du hören willst? Dann einfach QR-Code abscannen, den Audiofile starten und gemütlich zuhören – unterwegs, im Auto oder zu Hause.

Übrigens: QR-Code steht für „quick response" (englisch), das heißt „schnelle Antwort".

1. Julius: So haben wir Römer gebadet – ein Tag im Soldatenbad
→ *Wasser-Marsch S. 20,*
(mit Lesetext)

2. Julius: Von der Entstehung der heißen Quellen – die Nixen vom Mummelsee
→ *Wasser-Marsch S. 25,*
(mit Lesetext)

3. Aurelia: Wie das Thermalwasser die Pest besiegt – ein Wunder
→ *Wasser-Marsch S. 30,*
(mit Lesetext)

4. Aurelia: Das Gespenst vom Neuen Schloss – wer kennt es noch?
→ *Staffel(n)-Lauf S. 66*

5. Aurelia: Wie das „Baldreit" zu seinem Namen kam – ein Haus und ein Graf aus der Pfalz
→ *Staffel(n)-Lauf S. 75*

6. Julius: Ein „Mords"platz für einen König – die Lichtentaler Allee
→ *Königs-Weg S. 99,*
(mit Lesetext)

7. Aurelia: Von einer alten Figur und ihrer ebenso alten Geschichte – die Schlüsselmadonna im Kloster Lichtenthal
→ *Extra-Touren S. 124*

8. Julius: Vom Geist der bösen Markgräfin – die Graue Frau im Alten Schloss
→ *Extra-Touren S. 133*

Im Wandelgang der Trinkhalle (→ S. 83)

Impressum

Ermengard Hlawitschka-Roth:
Baden-Baden entdecken. Der Stadtführer für die ganze Familie.

Lektorat: Gereon Wiesehöfer
Grafik, Layout und Illustrationen: Isabel Gewecke Grafikdesign
ISBN: 978-3-95457-239-7
3. aktualisierte Auflage 2024, Redaktionsschluss: März 2024
www.aquensis-verlag.de

AQUENSIS®